이병두 불교평론집

향기로운 꽃잎

이병두 불교평론집

향기로운 꽃잎

이 병 두 지음

행복한 세상

책을 내면서

　행복한세상 정창진 대표와 안삼화 이사의 강권(強勸)으로 새로 책을 내게 되었습니다. 두 분의 강권은 핑계일 뿐이고, 솔직히 이 글들을 세상에 다시 내놓아 많은 사람들이 읽고 공감해 주거나 아니면 "뻔한 이야기나 이어간다"는 비난을 받더라도 꼭 '책'으로 묶어 내고 싶은 마음을 오래전부터 숨기고 있었습니다.

　이제까지 이런저런 제목을 붙인 번역서와 저서 몇 권을 세상에 내놓았지만, 이번에 내는 이 책 『이병두 불교평론집, 향기로운 꽃잎』처럼 오랜 세월 동안 힘을 많이 들인 책은 없을 것입니다. 그만큼 애정이 가는 글들입니다. 10년에 가까운 세월에 걸쳐 글을 쓰는 시점의 상황에 맞추어, 다양한 매체의 서로 다른 성격을 가진 코너에 쓴 글들이라 '지금 이 자리에' 어울리지 않는 내용이 있을 수는 있습니다만, 조금만 시각을 바꾸어 읽어보시면 '뚱딴지' 같이 엉뚱한 소리로 여겨지지는 않으실 것입니다.

　이 책 『이병두 불교평론집, 향기로운 꽃잎』에 실린 글들은 인터넷 매체인 「불교포커스」(전신 「불교정보센터」 포함), 주간 「현대불교」, 월간 「여성불교」, 「월간 설법」 등에 게재했던 것입니다. 돌이켜보면 제가 칼럼을 본격적으로 쓰기 시작한 것은 강원도 산속에서 칩거하던 2003~2005년 사이에 「불교포커스」의 전신인 「불교정보센터」에 '화이재일기'를 연재하면서부터였습니다.

서울로 돌아온 뒤에도 가장 큰 애정을 갖고 가장 많은 글을 쓴 곳이 「불교포커스」였고 여러 해 동안 이곳은 제 생각을 넓히고 깊어주게 하는 '사색과 글쓰기의 고향'과도 같은 곳이었음을 실토합니다.

　　두 번째로 많은 글을 쓴 곳이 「현대불교」입니다. 이곳에서는 여러 해 동안 '이병두와 함께 읽는 오늘의 세계불교'라는 코너를 맡아, 세계 여러 나라에서 전해지는 불교계 소식을 우리 현실에 맞추어 재해석하여 전하는 글을 썼는데, 그 때에도 여러분들에게서 분에 넘치는 칭찬의 말씀을 들었습니다. 이 코너도 제가 애정을 많이 가졌던 곳입니다. 「현대불교」에는 이밖에도 편집진의 요청으로 시대 상황에 따르는 칼럼을 기고하기도 하였습니다.

　　월간 「여성불교」에는 부처님 당시의 사회상을 소개하는 글을 그리고 「월간 설법」에는 그때그때의 사회문제에 대한 불교의 답을 제시해 보는 글을 실었습니다.

　　지난 세월을 돌아보니, 제가 쓴 칼럼들, 특히 「불교포커스」에 쓴 몇 편에 대해서는 칭찬과 함께 비난의 목소리도 매우 컸던 것으로 기억합니다. 이제는 추억이 되었지만, 협박 전화를 해온 스님도 있었고, 심지어 "누구의 사주를 받고 이런 글을 쓰는 것이냐? 이교도가 아니냐?"며 원색적인 비난을 서슴지 않는 이들도 여럿 있었습니다. 협박 전화를 걸어온 이들에게는 저도 목소리를 높여 "제대로 살아가라!"고 호통을 치기도 했지만, 정말 말도 안 되는 '호교護敎' 논리를 내세우며 우기는 이들에게는 그냥 헛웃음으로 응대하며 넘겨버릴 수밖에 없었습니다.

제가 쓴 글 때문에 기분이 언짢았던 분들이 많을 것으로 압니다. 그러나 이 점만은 확실하게 말씀드릴 수 있습니다. "저는 특정 개인을 비난하려고 그리고 누군가를 죽이려는 의도를 갖고 글을 쓴 적이 한 번도 없습니다. 누군가의 주문을 받고 글을 쓴 적도 없습니다. 오로지 잘못 가고 있는 승단과 불교계가 붓다의 가르침대로 바른 길을 갈 수 있도록 촛불 하나 밝히는 심정으로 고민하고 그 고민을 담아 글을 써왔습니다."

요즈음 들어 "세월이 거꾸로 간다"고 했던 옛 어른들의 말씀이 새삼스럽게 다가옵니다. 세상이 그렇게 뒷걸음질 치고 있고, 불교계 또한 성철·법정 스님 같은 분들이 호령하고 대원 장경호·덕산 이한상·불연 이기영 거사 같은 분들이 큰 그림을 그리던 시절보다도 훨씬 후퇴하고 있는 것만 같습니다. 이제까지 그래왔듯이, 저는 뒷걸음질 치고 있는 한국 불교계를 바로 세우고 다시 앞으로 힘차게 나아갈 수 있도록 하는 일에 더욱 매진할 것입니다. 그 일이 어떤 이들에게는 심한 독설毒舌로 들리거나 날카로운 수술 칼날로 여겨질 수도 있을 것입니다. 달콤하게 설탕을 바른 당의정糖衣錠과 진통제鎭痛劑에 익숙해 있는 불교계 지도자들에게는 계속 사탕과 진통제를 전해주면 고마워하고 '신심 깊은 재가자'라며 좋아하겠지만, 그렇게 살 생각은 추호도 없습니다.

지난 10여 년의 생각과 글을 엮은 이 책 『이병두 불교평론집, 향기로운 꽃잎』이 나오는 데까지는, 무엇보다도 제 글들을 실어준

「불교포커스」, 「현대불교」, 「여성불교」와 「월간 설법」이 큰 역할을 해주었습니다. 각 매체와 글을 실을 당시 편집진에 감사드립니다. 그리고 컴퓨터에 갇혀서, 다시는 세상에 나올 수 없을 것만 같았던 글들을 엮어 예쁜 책으로 꾸며준 행복한세상 정창진 대표와 안삼화 이사의 고마움은 따로 언급하지 않을 수 없습니다.

100수를 바라보는 연세에도 매일 염불을 놓지 않으시는 어머님 곽원만심 보살님과 여러 형제들, 옆에서 '힘내라!'고 박수 쳐주는 수자타 보살이 아니면 힘들었던 시절을 온전하게 넘기고 사람 노릇을 제대로 하기 어려웠을 것입니다. 숱한 겁에 걸쳐 참으로 지중한 인연이 있었기에 한 가족이 될 수 있었을 것입니다.

2017년 7월
향산 이병두 두손 모음

追 : 제가 칩거했던 강원도 평창군 용평면 도사리에 요즈음 박근혜 정부의 비선(祕線) 실세라고 불리는 최순실과 그의 딸 정유라가 아주 넓은 땅을 사서 불법 개발했다는 뉴스가 나왔습니다. 신문에 난 사진을 보니 제가 명상을 겸한 산책과 등산을 다니던 곳이더군요. 이렇게 저와 최순실도 인연이 연결되는 지점이 있다는 사실이 놀랍기도 합니다.

어느 날, 발을 씻다가
물이 높은 데에서 낮은 곳으로
찔끔찔끔 흘러가는 것을 보고
내 마음을 거기에 모았네.

그 뒤, 혈통이 좋은
말을 길들이듯이,
내 마음을 수련하였네.
그러고 나서 손에 등불을 집어 들고
방으로 돌아갔네.

등불 빛으로
침상을 찾아보고
거기에 앉았네.
그러고 나서 심지를 잡아당겨
불을 껐네.

그때,
불꽃이 사라지는 것과 똑같이
내 마음이 해탈하였네.

「장로니게」 제112~116 게송

|목차|

음식이란 몸을 지탱하기 위한 것이다.
몸을 보존하여 묵은 병을 고치고 새로운 병이 생겨나지 않도록
기력을 충족시켜 주는 것이어서
음식을 먹을 때에는 탐착하는 마음이 없어야 한다.

『앙굿따라 니까야』*Anguttara-Nikaya* 47, 「목우품」牧牛品

제 1 부

체중이 아니라 마음을 다스려야

참선·명상과 건강의 관계

최근 KBS 제1 TV의 '마음'이라는 특집 프로그램에서 '마음과 건강' 사이의 밀접한 관계를 다루어 많은 이들의 관심을 끌고 있다. 이제 "마음을 잘 다스리면 심리적으로 발생하는 질환뿐만 아니라 암과 같은 난치병의 치유에도 큰 효과를 발휘할 수 있다"는 주장은 더 이상 가설이 아니라, 의료 과학과 뇌 촬영 기법의 발달 덕분에 '과학적으로' 증명되고 있다.

참선[명상] 수행을 하는 스님들을 신비하게만 바라보던 서구의 과학자들도 아시아 출신 스님들에게 관심을 갖게 되었다. *MIT Technology Review*에 따르면, MIT 대학에 설립된 '뇌腦 연구소'와 하버드 의대의 심장 전문 교수, 위스콘신 대학교의 정신과 교수들이 티베트 스님들과 함께 '명상이 뇌 활동에 미치는 영향'에 대한 공동연구를 진행하고 있는데 이들은 이구동성으로 "놀랍게도, 그동안 과학적으로는 도저히 이해할 수 없었던 일들을 직접 확인하였다"고 실토한다.

한편 미국의 지역 언론인 「스타 트리뷴」*Star Tribune* 1월 26일자에(2006년) 따르면 스트레스 때문에 고생하던 미국의 화이트칼라 직장인들 사이에서도 명상 수행이 유행처럼 번져나간다. 미니애폴리스의 법률 회사에 소속된 변호사 로버트 제그로비치Robert Zeglovitch는 10년 이상 명상 수행을 해왔다. 요즈음 그는 직장 동료들에게 '마음 챙김(正念)' 수행을 지도하며 불교를 강의하는데, 수요가 넘쳐난다. 이곳뿐만 아니라 미국 전역의 일반 직장에서 근로자들을 위해 이런 방식으로 명상 수행을 실시하는 곳이 늘어나고 있다.

뉴욕의 일간지 「뉴스데이」Newsday는 1월 7일자에(2000년) 다음과 같은 내용을 실었다.

> 뉴욕의 중학교에서 미술을 가르치는 샤론 플레이셔Sharon Fleisher는 '냉정을 잃지 않고 문제 학생을 잘 다루는 기술'을 터득하고 싶었다. "명상 센터에 가보라"는 친구의 권유를 받고 명상에 입문한 그녀가, 3년이 지난 지금은 그 명상 센터의 학생이 아니라 운영 이사가 되었다. 그녀는 "명상이 교실 안에서 내 모든 것을 바꾸어놓았습니다. 참을성이 많아지고 주어진 상황을 더 잘 받아들이게 되었습니다. 이제는 예전에 비해, 다른 사람들의 입장에 제 자신을 훨씬 더 잘 맞추게 되었습니다"라고 말한다. 이뿐만 아니라 많은 미국인들, 그 중에서도 40세가 넘은 사람들은 특별히 더, 명상 수행을 하면서 스트레스를 줄이고 건강상의 여러 문제들을 풀어나가고 있다.

세계 정상을 달리는 우리나라 양궁 선수들이 참선 수련 덕분으로 좋은 성과를 냈던 사실은 너무나도 잘 알려진 일이다. KBS TV의 특집 '마음'에 소개되었듯이, 아테네 올림픽에서 금메달을 딴 유도 선수 이원희도 마음 훈련을 통해 좋은 성적을 거두고 있는 것으로 확인된다.

이제 '참선·명상과 건강의 관계'는 정신의학을 넘어 과학계 전체의 화두가 되고 있다. 한국의 불교계에서도 이 부분에 대해 주목할 필요가 있다.

"참선은 좋아!"라는 식으로 단순하게 자랑만 하지 말고 과학계와 진지한 대화를 계속하고, 그들이 공동 연구나 사업 동참을 필요로 할 경우 적극 지원하여야 한다. 이를 통해서 현재 한국 불교계가 내세우고 있는 '선禪의 생활화·세계화'라는 불교계의 목적을 성취할 수 있을 것이고, 나아가 '건강한 세상'을 이룩하여 인류의 복리를 증진시킬 수도 있을 것이다. 이런 일 또한 '널리 중생을 이롭게 하는 요익중생饒益衆生의 길'이다.

체중이 아니라
마음을 다스려야

　　인간 세상은 본래 불공평한 것일까? 세상 한쪽에서는 굶어 죽거나 영양 부족으로 시름시름 앓으며 서서히 죽어가는 사람들이 넘쳐 나는데, 다른 한쪽에서는 너무 많이 먹어서 탈이 나고 체중 과다와 비만증 때문에 신종 질병을 앓는 사람들이 늘어나고 있다.

　　전문가들은 "현재 전 세계 인구의 절반 이상이 굶주리고 있다"고 진단한다. 굶주리는 사람들은 입을 옷과 잠을 잘 곳이 없을 것이고, 아이들을 학교에 보내 공부를 시킬 가능성은 아예 생각조차 할 수 없을 것은 물론이다. 그러니 이들은 미래에 대한 희망을 가꾸거나 신분 상승을 꿈이라도 꿀 수 없을 것이다.

　　이런 상황이 온 원인과 배경이야 여러 가지가 있을 것이고, 전문가마다 서로 다른 진단을 내릴 것이다. 하지만 빈부 격차로 인한 골이 점점 깊어지는 것이 세계적 현상이라는 데에는 누구든 동의할 것이다. 옛 속담에 "100섬 가진 사람이 한 섬 가진 사람의 것을 탐낸다"는 말이 있지만, 오늘 우리가 살고 있는 세상은 그 정도가 아니다. 수천 억 섬을 가진 사람이 간신히 곡식 한 알을 가진 사람의 것까지 뺏어가려고 하는 상황인 것만 같아 안타깝다.

이제 우리나라도 겉으로 드러난 현상만으로 보면 이처럼 불공평한 상황이 확실하게 드러나, 직장을 잃고 길거리로 내몰리고 노숙자가 되는 사람들이 늘어나고 있는가 하면, 다른 한편에서는 남녀 모두 '지나친 몸무게-과체중'을 걱정하지 않으면 안 되게 되었다. 이런 현상을 보고 일부에서는 우리나라가 '선진국'에 진입하였다고 할지도 모르겠다.

그 동안 우리가 알고 있던 선진국은 '먹고 싶은 대로 마음껏 먹어서 배가 튀어나온 사람들이 많은 곳'들이다. 그런데 우리가 그렇게 되었다. 실은 '보릿고개'의 아픔을 잊어버린 것이 그리 오래 되지 않았는데 벌써 국민들의 과체중을 걱정하게 되었으니, 이런 현상을 어찌 해석해야 될까? 답이 쉽게 나오지 않는다.

일부에서는 "한국의 고도성장을 반영하는 현상이니, 기쁜 마음으로 받아들여야 한다"고 할지도 모르겠다. 하긴 나도 어린 시절 허기진 배를 끌어안고 물만 들이켰던 '아픈 추억(?)'이 있어서 이와 같은 진단에 일정 부분 동의하지 않을 수 없다. 굶주리는 것보다는 과체중이 그래도 나을 듯 싶고, 그런 내 과거사 때문인지 나는 아직도 먹고 마시는 것에 대한 탐욕을 끊지 못하고 있다.

부처님 말씀대로 음식이란 '몸을 지탱하기 위한 것, 몸을 보존하여 묵은 병을 고치고 새로운 병이 생겨나지 않도록 기력을 충족시켜주는 것'이고, 그래서 음식물을 먹을 때에는 '탐착하는 마음이 없어야 한다.' (『앙굿따라 니까야』 *Anguttara-Nikaya* 47, 「목우품」牧牛品)

그런데 이 기본적인 조건을 넘어서면, 그것은 이미 과욕·탐욕이 되어 '몸을 지탱하기 보다는 망치게 되고', '묵은 병을 고치고 새로운 병이 생겨나지 않게 하는 것이 아니라 묵은 병을 더욱 깊어지게 하고 이제까지 없었던 새로운 병이 생겨나게 하는 것'이다.

사람들은 흔히 아침 운동을 하고 스포츠 센터나 사우나에서 땀을 많이 흘려서 살을 빼면 해결되는 것으로 알고 있지만 이런 것들은 아주 일시적인 처방에 불과한 것이다. 체중 과다와 비만의 원인은 과도한 욕심, 온갖 것을 무한정하게 갖고 싶은 탐욕인데, 그 원인을 다스리지 않고서는 근본 치유를 기대할 수 없기 때문이다.

　자기 마음을 다스려서 물질에 대한 과도한 욕심과 탐욕을 제어하고, 모든 것을 이웃과 함께 나누는 보살의 길을 가며, 물욕에 찌든 마음을 깨끗하게 닦아내야 한다. 그래서 "많은 국민들이 체중 과다와 비만 단계에 들어섰다"는 최근의 보고는 우리가 새삼 마음 공부를 하게 할 좋은 기회이기도 하다.

살과 싸워서 이기는 법

아프리카나 남미의 여러 나라에서는 기본 영양을 섭취하지 못해 갖가지 질병에 시달리다가 죽어가는 영아사망률이 매우 높다. 더욱 심각한 것은 빠른 시일 안에 이 비율이 낮아질 가능성이 거의 없다는 점이다.

우리나라에도 40여 년 전까지는 영양 결핍으로 얼굴에 버짐이 피고, 각기병으로 고생하는 어린아이들이 많았다. 점심시간이면 친구들 몰래 밖으로 나가 수돗물로 배를 채우는 아이들도 비일비재했다.

물론 국민 소득이 급상승해서 세계 몇 위를 자랑하는 지금도 우리 사회 한쪽에서는 굶주리는 이들이 많이 남아 있다. 그러나 또한 과도한 영양 섭취로 비만을 걱정하는 이들도 늘어나는 형편이다.

전국 곳곳에서 살을 빼기 위해 운동을 하는 사람들로 넘쳐나고, 스포츠 센터가 성업 중이다. 비만 때문에 오는 질병에 대한 두려움이 그만큼 크다는 반증이다.

몇 해 전 한 잡지에서는 '다이어트-21세기의 신흥 종교'라는 제목을 내걸고 이 '살 빼기 전쟁'을 특집으로 다룬 적이 있다. 그때 이 기사를 처음 대하면서, "어떻게 종교라는 표현까지 쓸 수 있을까?"했지만, 기사를 다 읽어보고 주변을 돌아본 뒤에는 "아, 과연 그럴 수 있겠다"라고 생각을 바꾸게 되었다. '굶주림'뿐 아니라 이제 '비만'도 인류 공동의 적이 된 것이다.

　20여 년 전까지만 해도 적당하게 나온 배가 높은 신분의 표시였다. 그래서 "미국 장군들과 달리 우리나라 장군들은 하나같이 배가 튀어 나와서 뒷짐을 지고 걷는다"는 말이 떠돌았다. 지금 생각하면 격세지감을 느낀다.

　인도 경제가 급성장하여 국민 소득 또한 빠른 속도로 증가하고 있지만, 그곳의 사정도 아프리카 여러 나라보다 그리 나을 게 없어 보인다. 경제 성장의 혜택을 보는 일부 계층은, "수억 원을 들여 자식 결혼식을 치렀다"는 소식이 전해지는가 하면, 깨끗한 마실 거리와 먹을거리를 구하지 못해 굶주리다가 갖가지 질병에 시달리며 죽어가는 어린아이들의 숫자는 줄어들지 않는다.

빠쎄나디 왕의 비만 퇴치법

　'비만' 환자가 산술급수적으로 늘어나면, '굶주림'으로 죽어가는 이들은 기하급수적으로 늘어나는 것이 신자유주의 시대의 태생적 구조인지도 모른다. 하지만 부처님 당시에도 비만 때문에 고

생한 사람 이야기가 경전에 전해지는 것으로 보면, 이것이 꼭 신자
유주의 시대만의 특별한 문제는 아닌 것 같다.

　부처님께서 가장 오래 머무셨던 싸밧티^(舍衛城) 기원정사에서 있
었던 일이다.

　꼬쌀라^{Cosala}의 빠쎄나디^{Pasenadi} 왕은 함박 하나 정도의 밥과 카레
를 먹곤 했습니다. 그때 빠쎄나디 왕이 식사를 마치고 배가 잔뜩
부른 채 숨을 헐떡거리면서 세존께 와서 예를 올리고 한쪽에 떨어
져 앉았습니다. 그때 세존께서 빠쎄나디 왕이 배가 잔뜩 불러 숨
을 헐떡거린다는 것을 아시고는 그 순간 이런 게송을 읊으셨습니
다.

　　"항상 마음을 챙기고
　　자기가 먹는 음식을 절제할 줄 안다면,
　　그 사람의 병은 줄어들고
　　목숨을 보전하며 천천히 늙습니다."

　바로 그 순간 브라흐민^(브라만) 청년 쑤닷싸나^{Sudassana}가 빠쎄나
디 왕 뒤에 서 있었습니다. 빠쎄나디 왕이 그 젊은이에게 말
하였습니다.
　"자 쑤닷싸나야, 세존께 이 게송을 배워서 내가 식사를 할
때마다 그것을 내게 읊어다오. 그렇게 하면 네게 매일 종신
수당으로 100냥^(kahapana) 씩을 주겠다."
　그 브라흐민 청년 쑤닷싸나가 "예, 전하"라고 대답했습니다.
　그 브라흐민 청년 쑤닷싸나는 세존께 이 게송을 배워서 빠

쎄나디 왕이 식사를 할 때마다 읊었습니다.

"항상 마음을 챙기고

……

목숨을 보전하며 천천히 늙습니다."

그 뒤로 꼬쌀라의 빠쎄나디 왕은 차츰 밥 양을 줄여 한 접시 분량까지 줄였습니다. 나중에 몸이 아주 날씬해져서, 손으로 사지를 어루만지게 되었고 그 순간 이런 감격의 말을 쏟아냈습니다.

"세존께서 두 종류의 선善-현생과 내생에 속하는 선-과 관련해 내게 연민심悲心을 보여주셨네." (『쌍윳따니까야』Samyutta-Nikaya 1-3,「음식물 한 함지박」)

음식에 대한 탐욕 때문에 살이 너무 쪄서 손으로 자기 팔다리를 제대로 어루만질 수도 없었던 빠쎄나디 왕이 부처님께서 처방해 주신 다이어트 법으로 음식 조절에 성공해 살을 뺐고, 그 당장現生의 혜택을 보고 중도中道의 가르침을 체득하는 내생의 혜택까지 맛보게 되었던 것이다.

음식에 탐착하는 마음 없어야

사람의 수많은 욕심 가운데 먹고 마시는 것에 대한 욕심이 가장 원초적일지도 모른다. 이 욕심에서 다른 모든 욕심이 비롯되고, 탐욕으로 바뀌어갈 것이다. 그만큼 '먹고 마시는 욕심'을 적절하게 조절하는 게 힘든 것이고, 옛날이나 지금이나 수많은 사람들이 갖가지 방법을 다 썼던 것이다.

　매달 적지 않은 돈을 써가며 스포츠 센터에 가서 땀을 흠뻑 흘려서 살을 빼는 요즈음의 '비만 퇴치법'과 부처님께서 빠쎄나디 왕에게 처방해 주었던 다이어트 법 중 어느 것이 오늘날 사람들에게 더 잘 맞을까?
　그 판단은 각자의 몫이지만, 우리가 먹고 마시는 '음식'을 바라보는 기본 시각을 다음과 같이 갖기만 한다면 '비만' 걱정은 할 필요가 없을 것 같다.

　이것은 유달리 먹는 것에 대한 탐욕이 강했던 밧달리^{Bhaddali}에게 부처님께서 일러주신 가르침이다.

> "음식이란 맛을 위한 것이 아니라 몸을 지탱하기 위한 것이오. 그러므로 음식을 얻었을 때에는 시주자의 은혜를 생각하고 먹되, 탐착하는 마음이 없어야 하오. 다만 그 음식으로 몸을 보존하여 묵은 병을 고치고 새로운 병이 생겨나지 않도록 기력을 충족하도록 해야 하오." (『앙굿따 니까야』 47, 「목우품」)

돈의 위력

많은 사람들이 '모두가 마음 편하게 살아가는 평등한 세상'을 꿈꾼다. 동서양을 불문하고, 또 시대의 고금古今을 가릴 것 없이 민중들은 이런 세상을 꿈꾸었을 뿐 아니라 많은 사상가들도 '대동大同'이 되었든 '미륵서방정토'가 되었든 아니면 '천국'이 되었든, "이런 이상향을 건설하려면 구체적으로 어떻게 해야 하는지?" 고민하고 나름대로 방책을 제시하였으며, '혁명'을 통해 진정으로 평등한 세상을 만들어보려고 실제 행동에 나섰던 이들도 많이 있었다.

그런데 인류 역사에 '진정한 평등 세상'이 이룩된 적은 단 한 번도 없었으니, '평등 세상'은 역설 중에서도 가장 큰 역설이 아닐까 싶다. 인류 역사가 계속되는 한, 이 꿈은 영원히 실현되기 어려울지도 모른다. 이루어질 수 없는 꿈, 그래서 더욱 소중하고 절대 포기해서는 안 될 꿈인지도 모르지만 ……

혹 부처님 시대에는 어땠을까? 그때는 뭔가 달랐을까?

아직까지도 인도의 빈농과 도시 하층 노동자들의 삶은 하루하루 끼니를 이어가고 몸을 가릴 옷 한 벌을 제대로 입기 어려운 것으로 알고 있다. 신분제의 틀이 점차 무너져 가고 있다고 하지만, 아직도 그 무거운 짐이 어깨를 짓누르고 있어서 빈곤에서 벗어날 꿈조차 꾸기 힘든 사람들이 많다. 그러니 2,600년 전에는 얼마나 더 심했을까. 재산을 많이 가진 사람과 가난한 사람들의 격차는 어느 정도나 벌어져 있었을까?

언젠가 세존께서 에카나라(Ekanala; 한 줄기 갈대) 마을 근처에 있는 다키나기리(Dakkhinagiri; 南山)에서 마가다 사람들 사이에 머물고 계셨습니다. 바로 그때 씨 뿌리는 철을 맞아 밭을 가는 바라문인 까씨 바라드와자Kasi Bharadvaja가 쟁기 500개를 소 멍에에 매었습니다. 아침에 세존께서는 옷을 입으시고 발우와 가사를 들고 밭을 가는 바라문 바라드와자가 일을 하고 있는 곳으로 가셨습니다.[『쌍윳따 니까야』 1-7-3-11 (1) 까씨 바라드와자; 『수타니파타』 4. 밭을 가는 사람 『바라드와자 경』]

위 경전을 보면, 바라문 까시 바라드와자가 한꺼번에 쟁기 500개를 소 멍에에 매고 일을 해야 할 정도로 넓은 농지를 갖고 있었음을 잘 알 수 있다. 바라드와자는 부처님께 "오, 사문이여! 나는 밭도 갈고 씨도 뿌리며, 밭을 갈고 씨를 뿌린 다음에 먹습니다. 그대도 밭을 갈고 씨를 뿌려야 합니다. 그대는 밭을 갈고 씨를 뿌린 다음에 먹어야 할 것입니다"라고 시비를 걸었다.

그러자 부처님께서 "오, 바라문이여! 나 또한 밭을 갈고 씨를 뿌리며, 밭을 갈고 씨를 뿌린 다음에 먹습니다"는 대답을 하였다. 위에 인용된 경전에서는 부처님의 가르침을 듣고 곧바로 출가하여 구족계를 받았다고 전한다.

'쟁기 500개'를 동시에 사용한다는 것은 그 쟁기를 매게 될 소 500마리, 소를 부리는 일꾼 500~1,000명뿐 아니라 그 일을 도와줄 일꾼이 최소한 500명 투입된다는 뜻이니, 미국 남부의 대형 목화밭이나 거대 플랜테이션 농장을 떠올릴 정도로 그 규모가 컸을 것이다.

바라드와자처럼 대규모 농지를 소유한 사람들이 있으면, 하루 한 끼 입에 풀칠조차 하기 어려운 이들 또한 있게 마련이다.

> "여기 어떤 사람은 신분이 낮은 집-짠달라(candalas: 죽은 소의 고기를 먹고 사는 가장 하천한 불가촉천민不可觸賤民)·대나무 세공사·사냥꾼·수레 만드는 사람이나 청소부 집-가난한 집에 태어납니다. 그의 집에는 먹을 것과 마실 것이 부족하고, 음식물과 옷을 힘들게 얻어 어렵게 생활을 해가고 있습니다. 그는 못생겼거나, 보기 흉하거나, 기형이거나, 주기적으로 아프거나 애꾸눈이거나 손이 뒤틀렸거나 절름발이이거나 반신불수입니다. 그는 먹을 것·마실 것·입을 옷·탈 것과 꽃 장식물·향료·연고[크림]와 침구·집 그리고 등불을 얻지 못합니다."『쌍윳따니까야』 1-3-III-(1) 사람들]

위 이야기는 부처님께서 꼬살라의 빠세나디 국왕에게 '세상에 존재하는 네 부류의 사람들'에 대해 말씀하신 대목 중 일부이다. 먹을 것과 마실 것을 제대로 얻어 가지지 못하고 추위에 떨고 위생에 대해 신경을 쓸 수 없으니, 질병에 노출되기 쉽고 그래서 눈이 멀고 팔다리가 뒤틀리고 반신불구가 되기까지 하는 상황을 잘 보여준다. 아시아·아프리카의 수많은 사람들이 현재도 이와 비슷한 상황을 겪으며, 비타민과 철분 등 기본 요소 결핍으로 어린 나이에 실명하고 팔다리를 잃어가고 있는 모습과 다를 바 없다.

그러면 이런 빈부 격차가 꼭 카스트 상의 신분 차이로만 인해서 일어났을까? 우리는 당시 인도 사회가 바라문(사제司祭)·크샤트리야(왕족王族·전사戰士)·바이샤(평민平民)·수드라(노예奴隸)의 네 종류의 카스트가 확고하게 자리 잡은 철저한 신분제 사회였을 것으로 여기지만, 꼭 그렇지만도 않았다. 이 시절에도 역시 '돈'을 많이 가진 사람은 신분 계급과 관계없이 대접을 받았던 것이다.

> "어떤 왕이 재산과 곡식이 많고 금이나 은이 많다면 다른 왕족들은 그보다 먼저 일어나고 그보다 나중에 잠자리에 들며 그에게 봉사하려고 애를 쓰고 그를 기쁘게 해주려 하며 그에게 친절하게 말을 하려고 할 것입니다. 또한 그렇게 하고자 하는 사제들이나 평민들이나 노예들도 있을 것입니다.
>
> ......
>
> 어떤 노예가 재산과 곡식이 많고 금이나 은이 많다면 다른 노예들은 그보다 먼저 일어나고 그보다 나중에 잠자리에 들며 그에게 봉사하려고 애를 쓰고 그를 기쁘게 해주려 하며

그에게 친절하게 말을 하려고 할 것입니다. 또한 그렇게 하고자 하는 평민들이나 왕족들이나 사제들도 있을 것입니다."(『맛지마니까야』 *Majjhima Nikaya* 84, 「마두라 설법의 경」)

중국 고대의 역사가 사마천司馬遷이 『사기』史記 「화식열전」貨殖列傳에서 "대개 백성들은 상대의 재산이 자신보다 열 배가 넘으면 그를 무시하고 헐뜯지만, 백배가 넘으면 오히려 두려워한다. 천배가 넘으면 그를 위해 기꺼이 심부름을 하고, 만 배가 넘으면 그 밑에서 하인 노릇을 하니, 이것이 만물의 이치다"라고 했는데, 부처님 당시 인도에서도 큰 재산을 갖추기만 하면 설사 노예일지라도 바라문이나 왕족이 그 앞에 머리를 조아렸다.

부처님 당시 인도는 이처럼 정치·사회·경제적으로 급격한 변화를 겪고 있었고, 부처님을 비롯한 다양한 사상가들이 등장하는 것 또한 이런 변화의 급류를 타고 일어났던 것이다. 어쨌든 사회가 급변한다는 것은, 계급이나 계층의 상승과 추락 가능성이 높다는 뜻이기도 하다. 그래서 '변화'는 '희망'과 '꿈'을 버릴 수 없게 하는 활력소이기도 하다.

'돈'을 벌 목적으로 하는
기도도 효험이 있을까?

3월 31일^(2009년) 중앙일보에 "'암 낫게 해준다' 밀가루 반죽 붙이고 4억 뜯은 목사 부인"이라는 다소 선정적 제목의 기사가 실렸다.

척수 종양으로 수술을 받고 방사선 항암 치료도 받았지만 병세가 호전되지 않게 되자, 난치병을 낫게 하는 '안수기도' 전문가로 소문난 일산의 모 교회 목사 부인 박 모 씨에게 찾아가 낭패를 당한 사람의 이야기였다.

박 씨는 질병 부위에 밀가루 반죽을 붙이는 등의 방법으로 안수기도를 하면서, "마귀가 끼어들면 치료가 제대로 안 된다"며 항암 치료도 못 받게 했고 감사헌금·건축헌금 등등의 명목으로 1억에 가까운 헌금을 하게 되었다. 건축헌금으로 1천500만 원을 냈다가 "액수가 너무 적어 하나님께서 당신 면전에 뿌려버리라고 했다"는 말을 듣고 추가로 8천800만 원을 낸 적도 있다고 한다.

심지어 환자의 부모에게 "딸 얼굴에 3자가 보이니 3억 원을 헌금하라"고 요구하고 "돈이 없다"며 망설이자 "건물을 팔아서라도 헌금하라"고 다그쳐서 결국 환자 부모 소유의 건물을 담보로 대출을 받아 3억 1천만 원을 헌금하게도 하였다. 이렇게 모두 4억 380만 원을 냈으나 피해자인 환자의 병세는 악화됐고 물혹이 크게 자라 뇌 쪽으로 올라가는 바람에 낭종囊腫 제거 수술을 받아야 할 지경에 이르렀다.

이 사건은 사법 소송으로 이어져 법원에서 "박 씨는 피해자에게 4억 380만 원을 돌려주라"는 판결이 나왔다.

환자 부모가 목사 부인에게 건넨 돈의 액수만 4억 380만 원이다. 그러니 설사 재판에서 승소하여 이 돈을 돌려받는다고 하여도 그동안 들어간 이자 등은 온전히 피해자가 감당해야 한다.

이뿐만이 아니다. '안수기도'에 매달려 구원을 기다리느라 적절한 의료 처치를 받지 않아, 어쩌면 회복될 수도 있었던 건강을 다시 찾기 어렵게 되었다. 그리고 '돈'보다도 더 소중한 성직자와 종교에 대한 신뢰와 나아가 인간에 대한 믿음을 모두 잃고 말았다. 이렇게 깨져버린 '신뢰'는 다른 무엇으로도 보상받기 어려운 세상에서 가장 소중한 것일지도 모른다.

부처님 당시에도 이런 식의 혹세무민惑世誣民이 횡행하였다. 부처님께서 당시 주류에 속하던 바라문교 등의 종교와 사상을 넘어서 새로운 가르침을 펼치게 된 이유와 배경에는 '하늘'과 '신神'을 내세워 사람들을 속여 온 이와 같은 사이비 종교에 대한 거부가 자리 잡고 있었다.

부처님은 제자들과 재가 신도들에게 '하늘'과 '신'을 무기로 사람들을 억압하고 수탈해온 사이비 종교의 행위에 대해 신랄한 비판을 아끼지 않았다. 그러나 부처님 제자로 자처하는 후대의 불교인들은 부처님께서 그처럼 강력하게 비판하였던 '제사장-사제^{司祭}'가 되어 '돈'을 받고 사람들의 안녕을 기원하고 재앙을 소멸시켜 주겠다고 한다.

다른 나라 불교계 사정은 자세히 알 수 없지만, 이미 한국 불교계는 '100일 기도' '1000일 기도' '대학입시 합격 발원 기도' 등이 없으면 생존이 어려울 정도가 되었다. 뿐만 아니라 사찰 재정을 늘이기 위한 새로운 '기도'의 발굴도 계속 이어져, '생전예수재' 등 갖가지 '○○재'가 새로 등장하고 급기야 조상 천도를 위한 '49재 7회'라는 기막힌 '상품(?)'까지 등장하였다. 사찰 이름이 들어간 달력에는 어김없이 '삼재^{三災}'가 표시되어 있고, 조계사 앞 불교용품 상가에서는 부적과 같은 비非불교적 물품이 아주 많이 팔려나가는데 주 수요층은 전국의 사찰과 불교인들이다.

문제는 이런 행위가 비非불교적이거나 심지어 반反불교적이라는 사실을 많은 불교인들이 모르고 있다는 사실이다. 혹 이런 일이 잘못이라는 사실은 알고 있지만, "사찰 재정 확보를 위해 어쩔 수 없다"며 유혹을 끊지 못한다. 그러나 이 유혹을 끊어야 한다. 그렇지 않고서는 불교가 바르게 설 수 없다.

다른 종교 성직자들이야 본래 출발이 '제사장'이었으니 그렇다 칠 수 있겠지만, 부처님 제자인 스님들은 그 '성직자-사제'를 거부한 거룩한 수행자의 길을 가고 있다는 사실을 잊지 말고 '돈'을 목적으로 하는 기도 행위를 재고해야 할 것이다.

그리고 '안수기도' 전문가라는 목사 부인 박 모 씨의 소식을 접하며 혹 이런 행태가 전국의 절에서도 벌어지고 있지는 않는지 점검해볼 필요도 있을 것이다. "불교계에는 절대로 그런 일이 없다"고 마음을 놓기에는 아직 이르기 때문이다.

그런데 '돈'을 목적으로 한 기도가 효험이 있을까? 글쎄 ⋯⋯.

아직도 '공양미 300석'이

첫째 이야기 – 곤란에 처한 심학규를
더욱 어렵게 만든 몽운사 화주승

우리나라 사람이라면 거의 모두, 소설을 직접 읽어보지는 못했더라도 판소리를 듣거나 해서 『심청전』, 『홍길동전』, 『흥부전』 등 주요 고전 소설의 내용을 알고 있다.

나 또한 이제까지 이 소설들을 끝까지 읽어본 적이 없었다. 그런데 어느 날 아침 산책길에 느닷없이 『심청전』의 '공양미 300석' 권선 장면이 자꾸 머릿속에서 맴돌았다. 그 장면의 대략은 이렇다.

무릉촌 장 승상 댁에 간 딸 심청을 마중 나갔던 심 봉사가 발을 잘못 디뎌 개천에 빠져 "아무도 없소? 사람 살리시오! 아이고, 나 죽는다." 아무리 소리를 쳐도 지나가는 인적이 없어 곧 죽을 지경이었다.

마침 중창 불사 권선을 다니다 절로 돌아가던 몽운사^{夢雲寺}

화주승化主僧이 급하게 심 봉사를 구해내니, 심 봉사가 정신을 차리고 "나 살린 이, 거 누구시오?"

"소승은 몽운사 화주승이올시다."

"그렇지, 사람을 살려내는 부처님이시로군! 죽은 사람 살려주니 은혜가 백골난망白骨難忘이오."

심 봉사가 물에 빠지게 된 내력을 듣고 난 화주승이 말하였다. "우리 절 부처님이 영험이 많으셔서 빌어서 아니 되는 일 없고 구하면 응하시나니, 부처님 전에 공양미 300석을 시주로 올리옵고 지성으로 불공을 드리면 생전에 눈을 떠서 천지만물 좋은 구경 성한 사람이 되오리다."

심 봉사가 그 말을 듣고 처지는 생각지 않고 눈을 뜬다는 말만 반가워서, "여보시오, 대사! 공양미 300석을 권선문에 적어 가소."

그 화주승이 허허 웃고, "적기는 적사오나 댁 가세를 둘러보니, 300석을 주선할 길 없을 듯 하오이다."

심 봉사가 화를 내며 "여보시오, 대사가 사람을 몰라보네. 어떤 실없는 사람이 영하신 부처님 전에 빈말을 하겠소? 눈도 못 뜨고 앉은뱅이마저 되게! 사람을 너무 업신여기지 말고 당장 적으시오! 그렇지 않으면 칼부림이 날 터이니!"

화주승이 바랑을 펼쳐놓고 제일 윗줄 붉은 칸에 '심학규 미米 300석'이라 대서특서大書特書하더니 하직하고 돌아갔다.

심 봉사가 화주승을 돌려보내고, 화 꺼진 뒤에 생각하니 이는 긁어 부스럼이요, 도리어 후환後患이라. 혼자 자탄하여,

"내가 공을 들이려다 만약에 죄가 되면 이를 장차 어찌 하
잔 말인가?"

......

한참 이리 울 제, 이때 심청이 속속히 돌아와서 닫힌 방문
을 활짝 열고, '아버지!' 부르더니, 저의 부친 모양을 보고
깜짝 놀라 달려들어, "애고, 이게 웬일이시오? 나 오는가 마
중코자, 저 문밖에 나오시다 이런 욕을 보셨나이까? 벗으신
의복 보니 물에 흠뻑 젖었으니 물에 빠져 욕보셨소? 애고 아
버지, 춥긴들 오죽하며 분함인들 오죽할까?"
승상 댁 시비더러 방에 불을 때 달라고 부탁하고 치마를 걷
어쥐고 눈물을 씻으면서 얼른 밥을 지어 부친 앞에 상을 놓
고, "아버지, 진지 잡수시오."
심 봉사 어쩐 곡절인지, "나 밥 아니 먹으련다."
"어디 아파 그러시오? 소녀가 더디오니 괘씸하여 그러시
오?"
"아니다."
"무슨 근심이라도 계시니까?"
"네 알 일 아니다."
"아버지, 그 무슨 말씀이오? 소녀는 아버지만 바라고 사옵
고 아버지께서는 소녀를 믿어 대소사를 의논하더니, 오늘날
에 무슨 일로 네 알 일 아니라니, 소녀 비록 불효나 말씀
을 속이시니 마음이 슬프옵니다."
하고 심청이 훌쩍훌쩍 우니 심 봉사가 깜짝 놀라, "아가! 아

가, 울지 마라. 너 속일 리 없지마는 네가 만일 알고 보면 지극한 네 효성이 걱정이 되겠기로 진작 말을 못하였다. 아까 너 오는가 문 밖에 나가다가 개천 물에 빠져서 거의 죽게 되었더니, 몽운사 화주승이 나를 건져 살려놓고 내 사정 물어보기에 내 신세 생각하고 전후 말을 다 하였더니, 그 중이 듣고 말을 하되 '몽운사 부처님이 영험하기 다시없으니, 공양미 300석을 불전佛典에 시주하면 생전에 눈을 떠서 성한 사람이 된다'기에 형편을 생각지 않고 홧김에 적었더니 도리어 후회로다."

심청이 그 말을 듣고 반겨 웃으며 대답하되, "후회를 하시면 정성이 못 되오니 아버지 어두우신 눈 정녕 밝아 보일 양이면 300석을 아무쪼록 준비하여 보리다."

"네 아무리 애를 쓴들 안빈낙도安貧樂道 우리 형세, 단 100석인들 할 수 있겠느냐?"

그 이후에 전개되는 이야기는 우리 모두 너무나 잘 알고 있다.

결국에는 착한 일을 하면 복 받고 나쁜 일을 한 사람들은 벌을 받는 선인선과善因善果·악인악과惡因惡果의 가르침을 보여준다. 그래서 큰 고민 없이 "『심청전』은 불교 소설이다"고 결론을 내리곤 했다.

그런데 다른 곳은 놓아두고 위 장면만 곰곰 생각해 보면 의문이 끝없이 이어진다.

"몽운사 화주승은 공양미 300석으로 심 봉사의 눈을 뜨게 할 수 있다고 확신하여 그에게 이 이야기를 해주었을까?"

"설사 그런 확신이 있었다고 할지라도, 가난에 찌든 눈먼 봉사에게 이런 이야기를 하는 것이 부처님 제자가 할 수 있는 적절한 행동인가? 공양미 없이도 심 봉사가 눈을 뜰 수 있도록 기도를 해 주어야 하는 것이 아닌가?"

"부처님의 가피력으로 심 봉사가 눈을 뜰 수 있다면, 꼭 공양미 300석이 필요한가? 대자대비하신 부처님이시라면, 값비싼 공양물이 없이 당신을 향한 '간절한 마음'만 보여도 그 바람(願)을 들어주신다고 하지 않는가?"

"이 화주승이 혹 부처님을 내세워 곤란에 놓인 사람들을 속이고 사리私利를 취하는 못된 사승(似僧·邪僧·詐僧)은 아니었을까?"

"심청이 인당수에 빠져 제물이 되는 대가로 무역상들에게서 받아 화주승에게 전한 쌀 300석은 모두 몽운사에 공양미로 올려졌을까?"

"이 공양미를 혹 화주승이 중간에서 빼돌리지는 않았을까? 그랬다면 이 화주승은 과연 그 벌을 어떻게 받았을까?"

"심청이 연꽃을 타고 환생하여, 마침내 아버지를 만나고 아버지 눈을 뜨게 한 것은 공양미 300석을 불전에 바친 공덕일까? 아니면 곱디고운 심청의 마음에 따르는 과보일까?"

이런 의문이 끝없이 이어지다가 결국 오늘의 우리 불교계로 돌아온다.

"과연 몽운사 화주승처럼 곤란에 처한 사람들을 더욱 힘들게 만드는 사이비 승려가 오늘 이 땅에는 없는가?"

둘째 이야기 – 현대판 몽운사 화주승들

사례 1

올해^(2006년)는 음력으로 윤달이 들어 있다. 실상 윤달이라는 것은, 태양의 공전 주기와 맞지 않는 태음력을 보완하려는 목적에서 만들어진 것일 뿐 특별한 의미가 없다고 할 수 있다. 하지만 "한 달이 덤으로 생겼으니, 이때에 착한 일을 하고 덕을 쌓으면 좋지 않겠느냐?"는 데에서 시작해 조상님 산소를 돌보는 일, 연로하신 부모님을 위해 수의를 지어드리는 일 등등 여러 가지 프로그램들이 생겨났다.

절에서는 사후에 해야 할 수행을 미리 닦는다는 뜻에서 '예수재豫修齋'를 봉행하기도 한다. 평소보다 더욱 열심히 기도하고 다른 사람들을 위해 봉사하는 보살행에 적극 참여하라는 것이 본래 예수재를 봉행하는 참뜻이다. 그런데 자칫 잘못하면 이 '예수재'가 현대판 공양미 300석이 될지도 모른다는 생각에 우려가 된다.

수도권의 어느 사찰에서 올해 실제 있었던 일이다.

윤달을 맞아 예수재를 봉행하기로 한 그 절의 주지 스님이 신도들에게 "우리 절 신도가 3,000명인데 이번 예수재 동참금으로 5만 원씩만 내면 1억 5천만 원이 됩니다. 그러면 저 앞에 있는 땅을 살 수가 있을 터인데 그게 어렵습니다"며 아쉬움을 토로했다.

이 말을 들은 어느 신도가 내게 물어왔다. "제사의 목적이 순전히 돈을 모으는 데 있다는 것을 보여주는 것 같아 마음이 무겁습니다. 정말 이래도 되는 건가요?"

이 말을 전해들은 나 또한 할 말이 별로 없었다.

참뜻은 사라지고 절의 재정 증대만을 목적으로 하는 예수재에 동참한들 무슨 공덕이 있을까? 몽운사 화주승이 무슨 짓을 하였든 상관없이 심청의 착한 마음만을 보고 마침내 그 아버지뿐만 아니라 온 나라 맹인들의 눈까지 모두 뜨게 해주셨듯이, 부처님께서 '예수재' 동참 대중들에게 가피력을 베풀어주실까?

안타까운 일이다.

사례 2

12년 전인 지난 94년에 실제로 있었던 일이다.

형제처럼 지내던 선배가 갑자기 눈이 보이지 않아 병원에 입원하였다. 진단 결과 안과^{眼科} 질환이 아니라 뇌에 물이 차서 시신경^{視神經}을 건드려 제 기능을 하지 못하게 했던 것이다.

처음에는 "뇌수술을 해야 한다"고 하여 주변에서 크게 걱정을 하였다. 가족의 근심이 컸을 것임은 말할 것도 없다. 마음이 조급해진 부인이 집^(봉천동) 근처에 있는 조계종 소속의 소○선원에 찾아가 기도를 드리고, 스님께 사정을 말씀드렸다. 그런데 스님은 "조상 귀신이 붙어 해를 끼치고 있어서 이런 일이 생겼다. 500만 원을 내고 재를 지내야 한다"고 하였다.

지푸라기라도 잡고 싶은 심정이었던 부인은 누구에게 물어보지도 않고, 마치 심 봉사가 아무 생각 없이 권선문에 '심학규 300석'이라고 적어 넣듯이 덥석 "그렇게 하겠다"고 약속을 하였다. 남편이 알게 되면 야단을 맞을까 두려워 '쉬쉬' 하고 내게 상의를 하였다. 필자는 "말도 안 되는 소리!"라고 하고, "함께 가서 돈을 돌려달라고 하자"고 했지만 그건 실은 불가능한 일이지 않은가.

내가 선배 부인과 함께 그 절을 찾아가 스님을 만나서 '이미 들어간 돈은 그대로 두고 더 이상 돈을 내지 않기'로 마무리를 지었지만, 그때도 '뭐 이런 절이 다 있나?'하며 치밀어 오르는 '분노'를 다스리기 어려웠다.

남편이 눈을 보지 못하게 될지도 모른다는 걱정을 안고 찾아온 신도에게 "귀신이 씌워져있으니 제사를 지내야 한다"며 협박(?)을 하는 일이 정보화시대라고 하는 오늘도 여전히 먹히고 있다는 현실이 두려웠다. 그것도 한국 불교의 대표 종단인 조계종 소속 사찰에서 버젓이 이런 일이 행해진다는 사실 앞에 '불교의 미래에 대한 희망' 같은 것은 가져볼 엄두도 내지 못했다.

셋째 이야기 – 어찌 해야 할까?

'남편의 눈이 멀지도 모른다'는 심각한 상황에 놓인 부인에게 '귀신' 운운하며 반 협박을 해서 거액의 '제사'를 지내도록 한 소○선원 스님이나, "예수재 동참금을 많이 내주면 필요한 땅을 살 수 있다"며 예수재의 참뜻은 버려두고 오로지 '돈벌이'를 위한 수단으로 삼는 스님들이나 심 봉사에게 '공양미 300석'을 권선한 몽운사 화주승과 별반 다를 게 없다.

그러나 '나쁜 사람들'이라며 화만 내고, "별 수 있겠어?"라고 조소嘲笑하고 포기하는 일이 능사일까? 절대로 그럴 수 없다. "이제 심학규를 협박해 공양미 300석을 뺏어내는 식으로 하면 안 됩니다. 그것은 부처님을 파는 매불賣佛이고, 불교를 무너지게 하는 파불破佛 행위일 뿐입니다"고 강력하게 의견을 전하여 더 이상 그런 일이 발생하지 않도록 하여야 한다.

질병이나 가족의 죽음 등 어려운 일을 당해 절을 찾아온 사람들은, 불자뿐 아니라 타 종교인까지도 반갑게 맞아주고 그 어려움을 들어주어 마음을 편안하게 해주어야 한다. 그렇게 한다면 굳이 '포교를 하겠다'며 나서지 않아도, 그들은 저절로 부처님 품안으로 들어오게 될 것이다. 그런데 어찌 보면 간단한 방식을 버려두고, 오직 '돈' 때문에 이제까지 신도였던 사람들까지도 쫓아내게 될지도 모르는 식으로 '제사와 불사 동참'을 강권하는 일이 지금도 계속되고 있다니 말이 되는가.

'예수재'와 '천도재'의 본래 의미를 새기고, '제사 동참자'와 '제사 집행자인 스님' 양쪽의 정성이 담겨야 한다. 물론 사찰을 운영하고 중생구제를 위한 대사회 활동에 참여하기 위해서 일정 수준 이상의 '재정'이 필요하다는 점에는 동의하지만, 지금과 같은 방식은 결코 '불교'적이지 않고 오히려 '반反불교'적이다.

『심청전』의 하이라이트는 뭐니 뭐니 해도 소설 마지막에 심 봉사가 눈을 뜨고, 맹인 잔치에 참석했던 사람들도 덩달아 눈을 뜨는 장면이다.(판본에 따라 다른 맹인들이 눈을 뜨는 대목이 없는 것도 있다.)

이 대목을 보면 『심청전』의 작가가 한 사람이었든 아니면 긴 세월 동안 수많은 사람들이 알게 모르게 참여해 이루어졌든, 이 작품의 작가는 부처님 법에 대한 돈독한 신심을 가졌던 것이 분명하다. 그러나 몽운사 화주승으로 대표되는 당시 승가 구성원들에 대해서는 '곤란에 빠진 심 봉사 등을 치는 사승(邪僧·詐僧)'으로 묘사하여 깊은 불신감을 감추지 않았다.

아마 오늘날 불교의 여러 종단과 승가의 사정을 웬만큼 아는 사람이라면, 『심청전』의 작가와 별반 다르지 않을 것이다. 부처님 법의 위대함을 가슴 깊이까지 받아들이고 그 가르침을 따르고자 하는 사람들은 늘어나지만, 그럴수록 오히려 잘못된 승단의 행태에 대한 실망은 더욱 깊어지고 심지어 절망에까지 이르는 경우가 비일비재하다.

과거 역사와 이야기는 현재와 미래를 위한 거울이다. 각종 제사를 팔고, 예수재를 돈벌이 수단으로 삼는 매불(賣佛) 행위는 멈추어, 최소한 『심청전』의 몽운사 화주승처럼 두고두고 이야기 거리가 되지 않아야 한다.

아픈 동료를 돌보지 않은 비구들

　병이 들어 몸을 제대로 가누지 못하고 고생하는데 옆에서 돌봐줄 사람이 없을 때처럼 힘든 경우도 드물 것이다. 이럴 때 힘들고 외로워하는 것은 재산을 많이 가진 사람, 배움이 많은 사람, 마음닦기 수행을 많이 한 사람이라고 할지라도 큰 차이가 없을 것이다.

　우리 사회에서 예전에는 늙어 병이 들게 되면 자식들이 부모를 돌보아드리는 것이 당연하게 여겨졌고, 그래서 '병든 부모를 봉양하는 일'이 특별한 뉴스거리가 되지 않았다. 혹 후손을 두지 못한 노인이라면 이웃 주민들이 돌아가며 보살펴주는 것을 마땅한 도리로 여기고 있어서, 아픈 몸을 이끌고 외롭게 지내다가 세상을 떠난지도 모르고 수십 일이 지나 발견되는 일은 거의 없었다.

　그런데 세상이 바뀌다보니, 이제는 '병든 부모님 봉양'이 뉴스거리가 되고, '돌아간 지 수십 일이 돼서 발견된 노인' 소식이 매스컴을 통해 종종 전해진다. 서로 보살피는 일에 있어서는 세상에서 으뜸이라는 평을 들어온 수행자 사회에서도 이제는 세속의 흐름을 어쩔 수 없이 좇아가는지 '노후복지시설'이 거론되고 있다. 스님들

대상 설문 조사에서 '노후에 대한 불안감'이 가장 큰 문제라고 나오는 상황이다. 가족이나 이웃, 도반이 서로 돌봐주고 힘이 되어주던 시절은 이제 끝이 나고, 서양식으로 '특별한 시설'에 가서 획일적인 도움을 받지 않으면 노년을 제대로 보내기 어렵게 되었다.

하긴 우리가 얼핏 생각하기에 출가 공동체인 승가에서는 출범 초기부터 병들고 외로운 도반을 서로 잘 보살피는 것이 전통이었으리라 보이지만, 『마하박가』*Maha-vagga*(남전南傳『율장律藏』)에 나오는 다음 이야기로 보아 실상은 그렇지 않았던가 보다.

한번은 한 비구가 이질에 걸려 몸을 가누지 못해 자기 배설물 위에 그대로 드러누워 있었다. 사원 곳곳을 돌아보시던 부처님께서 우연히 이 비구의 처소를 찾아오셨다가 이 광경을 보게 되어, 이런 비참한 상황에 놓이게 된 이유를 차근차근 물어보셨다.

"비구여, 무슨 병에 걸렸소?"
"세존이시여, 이질에 걸렸습니다."
"비구여, 그대를 돌보아줄 사람이 하나도 없소?"
"세존이시여, 없사옵니다."
"다른 비구들이 왜 그대를 돌봐주지 않는 것이오?"
"세존이시여, 저는 다른 비구들에게 별로 도움이 되지 않는 사람이라서 그들이 저를 돌보지 않는 것입니다."

이렇게 정황을 살피신 부처님께서 시자인 아난다에게 병든 비구를 씻겨줄 물을 떠오도록 하여, 부처님과 아난다가 함께 이 비구의 더러운 몸을 씻겨주고 침대에 눕혀주신 뒤 가까운 곳에 있는 비구들을 모두 모이게 하고 조목조목 상황을 알아보셨다.

"비구들이여, 이 절 안에 병든 비구가 있나요? 그 비구는 무슨 병에 걸렸나요? 그 비구를 간호하는 동료가 있나요?"

"세존이시여, 없사옵니다."

"왜 아무도 병든 동료를 돌보지 않았나요?"

"세존이시여, 그 비구는 다른 비구들에게 별로 도움이 되지 않기 때문에 저희들이 그를 돌보지 않았습니다."

"비구들이여, 그대들에게는 돌봐줄 어머니도 아버지도 없소. 그대들이 서로를 보살피고 돌봐주지 않는다면 누가 돌봐주겠소? 비구들이여, 나를 시중들어 줄 사람이 있으면 누구든 병든 비구를 돌봐주도록 하시오. 병든 비구를 돌보지 않는 것은 큰 잘못을 범하는 일이오."

먹을 것과 입을 것이 없어 고통을 겪는데 옆에서 도와줄 사람이 없거나 병들어 아픈 몸을 보살펴줄 사람이 없으면 세상에 그보다 더 큰 고통이 없을 터인데, 심지어 부처님께서 머무시던 사원 안에서도 병에 들어 몸을 가누지 못하고 자신의 배설물 위에 드러누워 신음하는 사람들이 있었다. 어찌 보면 이것이 당시 세상을 보여주는 솔직한 그림일 것이다. 부처님께서 특별 지시를 내리지 않으면 어느 한 비구도 병든 동료를 돌보지 않는 상황, 물질이 되었든 사람들을 끌어 모으는 힘이 되었든 나름대로 힘을 갖추고 있지 않으면 버림을 받을 수밖에 없는 상황이었다.

예나 지금이나, 속세나 출세간이나 힘이 있는 사람은 병에 걸리더라도 큰 걱정이 없다. 이들에게는 항상 돌봐줄 사람이 넘쳐난다. 엄청난 재산을 가진 사람에게는 자식들이 서로 "내가 모시겠다"며 싸움을 벌이기까지 한다. 그러니 돈 많고 큰 권력을 가지고 있는 사람에게는 따로 '복지'를 거론할 필요도 없을 것이다.

어느 스님이 오래전부터 알고 있는 노스님을 길에서 만났다. 안부를 여쭙자 "스님, 젊어서 돈 많이 벌어 놓아요. 늙고 병들어 돈도 없고, 간호해줄 상좌도 없는 이 불쌍한 신세가 되니 젊을 때 따로 모아놓지 않은 것이 후회돼요"라고 하더라는 이야기를 들었다.

이제 세상이 변하여 자식이 부모를 돌보지 못하고 복지 시설에 의존해야 하게 되었다. 출가 공동체인 승가에서도 이런 시대의 흐름을 어쩔 수 없는지, '승려노후복지'가 자주 거론된다. "부처님께서는 '가진 것 없고 외로운 사람을 제대로 보살피는 것이 내 시중을 드는 것이나 똑같다'고 하셨는데 이게 말이 되느냐?"며 한탄만 한들 무슨 소용이 있을까? 오히려 흐름을 적극적으로 받아들이는 것이 나을 것이다.

다만 자식이 되었든 상좌나 도반이 되었든 아니면 복지 시설의 요양사가 되었든, 아픈 사람을 돌보는 사람은 다음 다섯 가지 조건을 갖추면 된다. 이것은 시공을 초월해 변함없는 '간병인의 수칙'일 것이다.

"첫째, 때맞추어 약을 먹게 해준다.
둘째, 병에 적합한 것과 적합하지 않은 것을 가려내어, 적합한 것만을 환자에게 제공해준다.

셋째, 재물 욕심 때문이 아니라 우정과 연민의 마음으로 간호한다.

넷째, 대소변·땀·구토물 등을 치우면서도 이것을 역겨워하지 않는다.

다섯째, 때에 맞추어 환자를 위해 좋은 가르침을 전해주고 환자가 그것을 받아 기쁘게 해준다." (마하박가.)

사바세계에 전해준 값진 선물

하나. 오랜 동안 '어두운 소식'만 들려오던 불교계에 모처럼 '맑고 향기로운' 그래서 '더욱 반가운' 뉴스가 전해졌다.

'생명나눔운동'을 주창하고 10년이 넘는 세월 동안 활발한 활동을 펼쳐오기도 했던 법장^{法長} 스님께서 갑작스럽게 원적^{圓寂}에 들고 하루가 지난 오늘 "장기기증운동단체인 '생명나눔실천본부'를 세우신 스님의 유지를 받들기 위해 스님의 법구^{法軀}를 동국대 일산병원에 기증키로 결정했다"는 뜻밖의 발표가 있었고, 곧 이어 스님의 법구를 병원으로 옮겨 모셨기 때문이다.

어찌 보면, '그리 놀랄 일'이 아닐 수도 있다. 이미 많은 사람들이, 죽어가는 다른 생명을 살리기 위한 '사후^{死後} 장기기증'과 의학도들을 위한 '시신 기증'을 서약하고 실천하는 예가 있었기 때문이다.

하지만, 법장 스님 스스로 이 운동을 앞장서 주창해 오셨으므로 오히려 '당연한 일'이라고 쉽게 넘겨버릴 수 있을까? 우리가 왜 이 순간 법장 스님에게 '아름다운 회향'이라는 찬사를 보내는가? 회향이 멋지면 그 동안의 과정도 모두 아름다운 법이다.

둘. 몇 해 전, 현대 중국의 기린아^{麒麟兒}, 절대로 쓰러지지 않는 오 뚝이^(不倒翁)라고 불리던 덩샤오핑^(鄧小平)이 세상을 떠났을 때에도 세계가 놀랐다.

투명 관^棺에 넣어 대중들이 많이 모이는 곳에 고이 모시고 '대 중들의 존경을 요구하던 과거 공산^{共産} 세계의 예^例'와 달리, "내가 죽거든 장례는 소박하게 치르고 시신은 화장을 해서 재를 장강^(長 江: 양자강)에 뿌려 달라"고 했다던 덩샤오핑의 유언이 발표되고 그 유 언대로 집행되는 것을 보았기 때문이다. 1989년 이른바 티엔안먼^(天 安門) 사태의 유혈^{流血} 진압을 명령하여 '독재자'라는 비난을 받아온 덩샤오핑에 대한 세상의 평가가 하루아침에 바뀌게 되었다.

"과연 작은 거인이다."

중국 정세도, "덩샤오핑 없는 중국이 과연 어찌 될까?" 예의주 시하던 세상의 눈길을 무색하게 할 정도로 안정을 찾아갔다. 중국 이 안정을 찾고, 이제는 세계 최강대국인 미국까지도 그 발전을 두 려워할 정도로 성장할 수 있었던 데에는 덩샤오핑처럼 '영웅 대접 받기를 스스로 거부한 진짜 영웅'이 있었기 때문이 아닐까?

셋. 승속^{僧俗}을 불문하고, 자기가 속한 집단의 일반 상식에서 벗 어나기는 쉽지 않다. 그 집단이 오랜 동안 지켜온 법과 규율·규정 그리고 불문율^{不文律}로 자리 잡은 관습에 이르기까지, 그 집단에서 '지극히 당연하다'고 여기는 상식^{常識}에서 벗어나는 것은 그야말로 '몰상식^{沒常識}하다'는 비난을 감수할 자신감 없이 저지를 수 없다.

스님들이 입적^{入寂}한 뒤 다비^(火葬)를 하고 사리를 수습하여 부도 를 모셔드리는 것은, 불가^{佛家}의 오랜 전통이며 상식이고 관습이었 다. 설사 불교인이 아닌 사람도 이 전통적 관습에 대해 비판을 하는 경우가 드물고, 다비 장면을 하나의 문화로 이해하기도 한다. 다비는 그 자체가, 어쩌면 말없는 가운데 '제행무상諸行無常'과 '성주괴공成住壞空'의 도리道理를 보여주는 언외言外의 가르침인지도 모른다.

하지만 이 다비식이 어느 때부터인가 화려한 허례虛禮가 되어버렸고, 살림이 넉넉하지 못한 상좌들과 문중에서는 그 비용을 마련하는 데에 큰 고통을 겪을 정도였다. 다비를 치르고 나서, 젓가락을 들고 잿더미를 휘저으며 '사리'를 찾는 모습도 결코 아름답지 못한 광경이었다. 큰스님들이 원적에 들고 난 뒤에는 "사리 몇 과가 나오셨느냐?"를 가지고 돌아가신 분의 도력道力을 평가하는 웃지 못 할 일까지 벌어지니, 한편에서는 '사리 숫자를 부풀렸다'는 소문까지 나돌 정도였다.

사치스런 상장례喪葬禮는 세속에서도 비난을 받는다. 하물며 물질적 욕심을 하찮게 여겨야 하는 승가에서 화려한 다비식을 치르고 막대한 예산을 들여 부도를 세우며, '사리'에 집착하는 일이 계속 이어지는 것은 부처님 가르침의 근본을 어기는 큰 문제가 아닐 수 없었다.

그러나 많은 이들이 "이렇게 가서는 안 된다"는 데에 동감을 하면서도, 그 오래된 전통과 관습·상식을 깨는 일에 용기를 내지 못하고 모두 그 거대한 흐름에 빨려 들어가고 있었다.

그런데 법장 스님께서 당신의 법구를 내놓으셨으니, 얼마나 큰 용기를 보여주셨는가? '조계종 총무원장'이라는 직함이 주는 무게와 함께 그 분이 이 사바세계娑婆世界를 마지막으로 떠나시며 이 세상에 전해주고 가신 선물도 한없이 값지고 무겁다.

넷. 훌륭한 재가 불자 한 분이 10여 년 전에 세상을 떠났다. 그

분도 평소에 "내가 죽고 나면 화장을 하라"는 말씀을 여러 차례 하였고 그 뜻을 유언遺言으로 남기기도 했었지만, 결국 화장을 해서 산골散骨을 하는 일은 무산되고 집안의 선영先塋에 화려한 집幽宅을 마련하고 그 속에서 영생永生을 꿈꿀 수밖에 없게 되었다.

고인의 뜻을 어기면서까지 화장을 하지 못하게 된 이유가 무엇이었을까? "그렇게 되면 우리들이 죽고 난 뒤에도 화장을 해야 할 것 아닌가?"하는 걱정을 하게 된 아우들이 "형님을 불에 태울 수는 없다"는 명분을 내세우며 적극 반대하였기 때문이다.

전해오는 소식으로는, 법장 스님 문도에서도 일부 반대가 있었다고 한다. 하지만 이들의 반대가 위에서 말한 재가 불자의 형제들처럼 이기심에서 나오지 않았음을 잘 안다. "일부의 반대가 있었지만, 돌아가신 큰스님의 유지를 받들기 위해 법구를 동대병원에 기증키로 하였다"는 발표는 그래서 더욱 마음에 다가온다.

스님의 뜻을 기리기 위해 앞장을 섰던 분들도 아름답지만, 스승에 대한 효성심에서 한 때 반대를 했었던 상좌들의 행위 또한 멋지다. 법장 스님과 문중 모두에게 "정말 잘 하셨다"는 찬사를 보낸다.

성자聖者의 뜻과 정신을 이을 생각은 없이 그저 그 분의 겉모습에만 집착해서 형식적 모방에만 그치고 있는 것이, 오늘날 양洋의 동서東西와 불교·기독교를 비롯한 거의 모든 종교를 불문하고 세상 곳곳에서 벌어지는 현상이다. 이런 점에서 법장 스님 문도의 이번 결정은 세상 어디에서도 '어른을 제대로 모셨다는 찬사'를 받을만한 거룩한 일이다.

다섯. 우리 모두 앞으로 어떻게 해야 할까?

법장 스님의 '아름다운 회향'은 많은 이들에게 자신감과 용기를 심어줄 것이다. 전통·관습과 상식이라는 이름으로 우리를 옭아매고 있던 '틀'에서 과감하게 벗어나게 해줄 것이다.

부처님께서는 당신의 여러 전생에 걸쳐 몸을 내던져 굶주린 동물을 살리는 등 숱한 희생을 치르셨다. 『주역』(周易)에서는 "나뭇잎이 떨어져 썩어서 뿌리의 거름이 된다(葉落而糞本)"고 하였다.

제 아무리 호화스런 유택을 짓고 그 안에서 영생을 꿈꾼다고 하여도, 죽고 나면 썩어서 한 줌 흙이 되는 것을 피할 수 없다. 아니, 그 길이 가장 자연스런 '길의 이치(道理)'이다. 이 자연스런 길의 이치를 모르고 헛된 망상에 사로잡혀 있었거나 그 이치를 알면서도 감히 앞서나갈 용기를 내지 못하고 있던 이들이 앞으로 실상(實相)을 제대로 보고, '이미 죽은 내 목숨을 내어주어 더 많은 사람들을 살리고, 의학 발전에 기여할 수 있는 보살행-사후 장기와 시신 기증'에 나서게 되기를 간절히 바란다.

아마 이것이 법장 스님이 말없이 전해주고 떠나신 유언일지도 모른다.

불교계가
안산 동산교회에서 배울 일

1.

　대학 시절 불교학생회에서 함께 활동하였고, 졸업 후 은행에 들어가 안산에서 지점장으로 근무하고 있던 친구에게서 몇 해 전 들은 이야기이다.

　안산에 동산교회라는 곳이 있는데, 맨 처음 교회 건물을 크게 짓지 않고 학교, 동산고등학교를 세워 안산 제일의 명문고로 자리 잡게 하였다. 점차 신도 숫자가 늘어나면서 교회 공간이 비좁게 되자 학교 강당을 빌려 예배를 보고 있다. 불교 신자인 나도 그 교회 목사를 만나 대화를 나눈 뒤 그의 안목에 감탄하였고, 안산에서는 부모의 종교 여부와 상관없이 가능하면 이 학교로 자녀를 보내고 싶어 한다. ……

　안산에 사는 내 동생도 비슷한 이야기를 한다. "형님, 저도 아이들을 그 학교로 보내고 싶어요. 다른 어느 학교보다 공부도 열심히 시키지만 사교육비나 떡값 문제 등도 없다고 하니까요……"라며 '개신교 교회에서 설립한 학교'라는, 우리 가족에게는 '아주 중요할' 수도 있는 사실을 애써 외면하고 싶어 한다. 이 '중요한 사항'을 애써 모른 척 하고 싶을 만큼 동산교회와 동산고등학교의 위치가 크다는 반증일 것이다.

그런데 지난 5월 5일^(2009년) 개신교 매체인 뉴스미션의 신혜숙 기자가 쓴 '안산 동산교회 30주년, 6천여 명 생명 나눔의 참사랑 전해'를 보니, 동산교회가 받고 있는 유명세가 헛되지 않음을 알 수 있다.

이 기사에 따르면, 동산교회는 5월 3일 일요 예배를 '사랑의 장기기증 예배'로 진행하여 6,023명이 장기기증 서약에 동참하였다고 하는데, 하루 동안 6천여 명이 동시에 장기기증 서약을 한 것은 우리나라 장기기증 역사에서도 손에 꼽힐 만큼 이례적인 일이라고 한다.

동산교회 본당과 동산고등학교 내 예배당에서 동시 진행된 이번 장기기증 예배에는 학생에서부터 70세가 넘은 노인에 이르기까지 다양한 연령층이 참여해 진정한 사랑 나눔에 뜻을 함께 했다고 한다. 글을 쓰지 못하는 노인들까지 "죽어서 각막이라도 기증하고 가고 싶다"는 뜻을 전하며 주변의 도움을 받아 장기기증 서약을 하여 주변을 감동시켰고, 이 교회 담임 김인중 목사는 장기기증 예배가 열리기 전 신도들보다 먼저 장기기증 서약을 하며 "죽어서 땅에 묻히거나 태워질 장기를 나눠 누군가에게 새 생명을 전하는 뜻 깊은 일에 동참하는 것은 크리스천으로서 당연한 일이다"고 이번 예배의 의미를 전했다고 한다.

2.

물론 불교계에도 '생명나눔실천본부'가 적극적으로 활동을 하고 있고, 스님이나 불자들 중에 사후 시신 및 장기기증을 하는 이들이 과거에 비해 늘어나고 있기는 하다. 그러나 아직도 장기기증 등에 참여하는 절대 숫자나 종교 신도 수 대비 기증 비율은 타종교에 비해 매우 낮은 것이 솔직한 현실이다.

이것은 아직까지도 우리들에게 부처님 제자, 보살행자로 살아가고자 하는 서원과 의지가 약하다는 뜻이기도 하다. "죽어서 땅에 묻히거나 태워질 장기를 나눠 누군가에게 새 생명을 전하는 뜻 깊은 일에 동참하는 것은 크리스천으로서 당연한 일이다"라고 하는 안산 동산교회 담임 목사의 말은 한 교회에서 단 하루에 6,000명이 넘는 장기기증 서약을 가능하게 하였다. 그런데 우리 현실은 어떤가?

10여 년 전에 '부처님 오신 날'을 맞아 '자비의 헌혈'을 기획한 적이 있다. 적십자 혈액원과 교섭하여 조계사에 현수막을 걸고 헌혈 차량이 조계사 마당으로 들어오는데, 조계사 측에서 "감히 부처님 계신 대웅전 앞에서 어떻게 피를 뽑을 수 있느냐?"며 차량 진입을 막았다.

아무리 설득을 해도 막무가내로 막는 데는 어쩔 도리가 없었고,

결국 대웅전 정면은 피하는 것으로 합의를 보고 헌혈을 진행하였지만 "감히 부처님 계신 대웅전 앞에서……"라는 그 말이 오래도록 내 기억에 남았다. 이것이 우리의 현실이었다.

과연 불교계 지도급 인사들과 불자들 중에 장기기증을 하고, 정기적으로 헌혈을 하는 이들이 얼마나 될까? 대표 종단인 조계종의 종정·총무원장이나 원로의원·본사 주지와 중앙종회의원들 중에서 혹 여기에 동참한 분들이 얼마나 있을까? 아마 큰 기대를 할 수 없을 것이다.

그렇다면 왜 이런 일이 일어날까?

'헌혈을 하면 건강을 해치게 되지 않을까?' 걱정하면서 자기 육신을 너무 아끼기 때문일까? '장기기증을 하고 나면 혹 사후에 어려움을 겪지 않을까?' 하는 두려움 때문일까? '피를 섞는 것'을 금하는 기독교의 모 종파처럼 근본적으로 피와 장기를 나누는 것에 대한 거부감이 있어서일까?

아무리 원인을 따져보고 고민을 해보아도 마땅한 답이 나오지 않는다. 이제 마지막 남은 답은 이것밖에 없을 것 같다. "혹 명분으로는 부처님 제자를 자처하면서도, 실질적으로는 '내 몸의 모든 것은 부모님에게 물려받아서 함부로 훼손할 수 없다'는 유교 가르침이 몸에 배어서 그런 것은 아닌가?"

이렇게 되면, 국내 각 불교 종단이 소의경전으로 여기고 있는 『금강경』식 표현처럼 "이름은 불제자이지만 실질은 공자의 제자"로 가득 찬 곳이 한국 불교계라는 말이 된다. 참으로 웃기는 현실이다.

　불교계 지도자부터 앞장서서 안산 동산교회의 보살행을 모방하라. 모범적으로 '예수님의 삶'을 따라 살겠다고 하는 이들을 보면서 "우리도 부처님같이 살아가겠다"는 서원을 다시 세우라. 동산교회 모델의 적극적 벤치마킹은 결국 불교를 살리는 길이고, 세상을 살리는 길이다.

입시 기도
– 나와 남이 함께 좋은 일

　우리나라처럼 대학 입시에 대한 부담이 큰 나라도 드물 것이다. 이것은 곧 우리나라에서 좋은 대학을 졸업하는 것이 일생을 좌우할 정도로 큰 영향을 준다는 것이고, 사람에 대한 평가를 실력과 능력보다 학력學歷에 의존한다는 뜻일 수도 있다.　지난 수십 년 동안 정부에서는 "입시 지옥을 없애고, 학력으로 차별받는 일을 없애겠다"며 갖가지 교육 개혁 방안을 내놓았지만 그 정책이 단 한 차례라도 성공하여 국민들을 입시 지옥에서 해방시켜 준 적이 없다고 해도 지나치지 않을 것이다.

　사정이 이렇다보니, 매년 2학기가 시작되고 입시가 가까워지면 전국의 사찰과 성당, 교회에서는 '대입 합격 발원 기도'가 이루어진다. 평소 기복 신앙을 비판하거나 심지어 경멸하기까지 했던 사람들도 자기 자식을 위해서는 이 기도 대열에 빠지지 않는다. 유명한 학자가 쓴 책에서, "기복 신앙과 입시 기도를 비판하였었지만 막상 내 자식이 고3생이 되자 나도 모르게 절에 가서 기도를 드리게 되더라"는 고백을 보게 되는 것도 이 때문이다.

본래 다니던 절이나 교회에서 하는 입시 기도에 동참할 뿐 아니라 심지어 기도 영험이 있다는 전국의 유명 기도처를 두루 찾아다니며 "제발, 우리 아이가 좋은 성적으로 원하는 대학에 합격하게 해주세요!"라며 간청하기도 한다.

자력 종교이든 타력 종교이든, 종교인은 자신의 소원所願과 서원誓願을 담은 기도를 드린다. 기도 없는 종교는 생각하기 어렵다. 아니 존재하기 어려울지도 모른다. 그러나 스스로의 수행으로 깨달음을 성취하기로 서원한 우리 불자들의 기도는 절대 유일신을 믿고 모든 것을 신神의 결정에 맡기는 타력 종교의 신도와 달라야 한다. 불자가 기도를 할 때에는 너무 기복적이 되지 않아야 하며, 혹 신비적인 가피를 기대하지 말고 돈독한 신심으로 열심히 정진하는 것이 중요하다.

이렇게 할 때 입시 기도의 긍정적인 효과를 보게 된다. 입시 기도 동참자는 이 기회를 통해 자기 마음을 닦고, 가족에 대한 사랑과 이해심을 넓게 되며, 불교의 가르침을 접하게 될 것이고, 또 그것을 계기로 불교 교리를 배워 참다운 불자로 성장해 갈 것이다. 자식 입장에서도 마음이 안정될 수 있을 것이고, '나를 위해 저렇게 지극정성을 바치는 어머님을 생각해서라도 더욱 더 열심히 공부를 해야 한다'는 다짐을 하여 좋은 결과를 얻게 될 것이며, 나아가 '부처님 가르침을 배워야겠다'는 발심을 하게 될 것이다.

입시 기도에서 드러나는 자식을 향한 어버이의 지극한 마음은, 자식의 마음을 움직일 것이고 정성스런 어버이의 마음은 곧 중생을 향한 부처님의 마음과 다르지 않을 것이다. 기도가 개인 소원을 비는 데에서 머물지 않고 이렇게 부처님 가르침에 가까이 다가가는 인연이 될 수 있기에, 자력 종교인 불교에서 타력으로만 여겨지는 기도를 용납하고 권하는 것이다.

그러나 기도가 이런 좋은 결과를 가져올 것이라고 해서 자기 자식만을 위한 이기적인 기도를 하는 것은 불자들에게 맞지 않는다. 혹시라도 "다른 절의 입시생들은 다 떨어져라. 다른 집 아이는 신경 쓰지 말고 우리 아이만 불보살님 가피력으로 좋은 성적을 내주세요"라고 해서는 안 될 것이다. 사랑하는 가족이 아플 때 "불보살님의 자비심으로 살려 주십시오!"라며 간절한 기도를 드릴 뿐 "다른 사람을 대신 아프게 해주세요"라는 기도를 드리지는 않는 것과 같다. 설사 그런 기도를 드린다 해도 불보살님께서 그와 같은 이기적이고 배타적인 기도를 들어주실 리 없다.

또 한 가지 주의할 것은, 자식을 위한 입시 기도를 드리면서 혹시라도 '내가 아이를 위해 이렇게 열심히 기도하는데, 아이가 이것을 몰라주면 어쩌지?'라며 상을 내며 괜한 걱정을 하거나 아이에게 "엄마 정성을 봐서라도 꼭 좋은 대학에 합격해야 한다"고 드러내놓고 압박을 가하는 일이 있어서는 안 된다. 만약 이렇게 한다면 자식을 위한 기도가 오히려 자식을 불안하게 하고 결과적으로 입시를 망치거나 앞날을 해치는 나쁜 일이 될 수도 있음을 명심해야 한다.

자식을 위한 입시 기도를 드리면서 '이 땅에서 지금과 같은 학력學歷 차별과 입시 지옥은 사라졌으면 좋겠다'는 대승적 발원을 할 수만 있다면 더욱 바람직하다. 내 자식이 고통을 겪는 것을 보면서, "제발 다른 아이들은 이런 입시 지옥에서 고통을 겪지 않도록 도와주십시오!"라며, 타인에 대한 안타까움과 연민에서 우러나는 기도를 드렸으면 좋겠다.

자식을 둔 어버이라면 아무리 부처님 경전을 많이 읽고 수행 정진해 왔을지라도 '내 자식 잘 되게 해달라'는 이기적 마음을 버리기 힘들고 따라서 무조건 "이기적 기도를 그만두세요. 남을 위한 기도를 하세요"라며 비판할 수는 없을 것이다. 그러나 '남을 위한 것이 곧 나를 위한 것'이라는 자타불이自他不二의 깊은 뜻을 이해한다면, 내 자식뿐만 아니라 남을 위한 기도도 가능해질 것이다. 그리고 '남을 위한 기도'를 통해 오히려 나에게도 좋은 결과가 생길 것이다.

열반하신 성철 스님께서 "남을 위해 기도합시다"라고 주창했던 것은 결코 자신을 버리라는 뜻이 아니라, 더불어 사는 삶과 상생에 대한 강조였을 것이다. 앞으로 대학 입시 기도를 드리는 불자들은 관세음보살의 자비심과 보현보살님의 대원력을 모범으로 삼아 내 아이와 함께 고생하고 있는 모든 입시생의 마음을 이해하고 그들을 위해서도 진심으로 정성껏 기도를 드리는 멋진 불자가 되었으면 좋겠다.

화려하게 꾸민
신발을 신으면 안 된다

물질적으로 풍요를 구가하고 있는 요즈음은 신발이 없어서 맨발로 다니는 사람을 만나기 드물다. 그렇지만 불과 30~40년 전에는 우리나라에서도 신발이 빨라 닳아 버릴까 봐, 사람이 많지 않은 시골길에서는 신을 손에 집어 들고 길을 가다가 아는 사람을 만나게 될 때나 신곤 하는 경우가 있었다.

검정 고무신이나마 어렵지 않게 신게 된 것이 그리 오래되지 않았던 시절이라, 새 고무신을 사오는 날이면 이불 속에 꼭 끌어안고 자기도 하고 학교에 가서 잃어버릴까 두려워 신발 코에 이름을 새겨 넣기도 하였다. 그렇게 했는데도 학교에서 새 신발을 잃어버리는 날이면 '아까운 것을 잃어버려 억울하고 안타까운 데다가 집에 가서 부모님께 혼이 날지 모른다는 두려움'까지 겹쳐 이중 삼중의 고통을 겪기도 하였다.

이제 우리나라에서는 '호랑이 담배 피우던 시절의 멀고 먼 옛날

이야기'가 되어 버렸지만, 지극한 물자 부족을 겪고 있는 북한이나 제3세계 국가들에서는 아직도 맨발로 다니는 이들이 헤아릴 수 없이 많다.

부처님 당시에는 어땠을까?

부처님께서는 깨달음을 이루시고 나서 마지막 열반에 드실 때까지 45년 동안 먼지 풀풀 날리는 인도 대륙을 맨발로 다니시며 사람들을 직접 만나셨다. 물론 수레를 타는 경우도 없으셨다.

수많은 불상 조각에서 신발을 신은 부처님 발을 우리가 만날 수 없는 것은, 그런 점에서 보면 너무나 사실적이라 할 만하다. 부처님 당시 특별한 지위를 누리거나 재산이 아주 많았던 사람들을 제외하면 아마 일반인들은 대부분 맨발로 다니는 상황이었을 것이고, 부처님은 일반 대중의 삶에서 벗어나 그들보다 결코 조금이라도 사치스럽거나 편안한 생활을 하신 적이 없었던 상황을 부처님 조각상에서 잘 반영하고 있는 것이다.

전통 바라문교의 뿌리가 깊게 내려 있고, 그래서 새로운 종교가 정착하기 힘들었던 인도 땅에서 그리 길지 않은 시간에 부처님 가르침이 널리 퍼져 '보편 종교'의 대열에 들어가고, 왕공귀족王公貴族과 거부巨富에서부터 냇가에서 발가벗고 미역을 감던 네다섯 살짜리 어린아이까지 부처님을 친근하게 여기며 그분의 가르침을 직접 듣고자 했던 이유가 바로 '맨발로 걸어 다니셨던 것'이었다고 하면 너무 자의적인 해석일까?

어쨌든 부처님께서 신발을 신으시는 일이 없는데, 그래도 일부 출가자들 중에는 이 일에 사치를 부리는 일이 있었고 그래서 부처님께서 아예 '신발을 신으면 안 된다'는 규정을 정하셨던가 보다.

『마하박가』에 다음과 같은 이야기가 나온다.

부유한 집안 출신의 소나^{Sona} 비구는 어려서 귀하게 자랐으므로 조금만 걸어도 발에 상처가 생기고 피가 났던 모양이다. 이를 애처롭게 여기신 부처님께서 소나 비구에게 "그대는 바닥이 한 겹인 신발을 신어도 되오"라고 '신을 신어도 좋다'는 허락을 내리신다.

하지만 이런 특별 허락을 받은 소나 비구가 '그 특별한 혜택'을 누리고 싶지 않은 이유를 말씀드린다.

"세존이시여, 저는 출가할 때 마차 80대에 실을 수 있을 만큼의 많은 금과 코끼리 떼를 데리고 출가했습니다. 그런데 세존이시여, 제가 바닥이 한 겹인 신발을 신고 다닌다면 제게 '소나는 마차 80대에 실을 수 있을 만큼의 많은 금과 코끼리 떼를 데리고 출가했다. 그런데 지금 그는 바닥이 한 겹인 신발에 집착하고 있다'라고 말하는 사람들이 있을까 두렵습니다.

만약 세존께서 승단의 전체 비구에게 '한 겹 신발을 신어도 좋다'고 규칙을 정해 주신다면 저도 신발을 신을 것이지만,

세존께서 전체 비구에게 '신발을 신으면 안 된다'고 정하신
다면 저 또한 신발을 신지 않을 것입니다."
이 말씀을 들으신 부처님께서 비구들을 모이게 해서 법문
을 하신 뒤 이와 관련된 새로운 규정을 정하셨다.

"비구들이여, 바닥이 한 겹인 신발은 신어도 되오. 그러나
바닥이 두 겹이 넘는 신발을 신어서는 안 되오. 그렇게 하면
잘못된 행동을 범하는 것이오."

『마하박가』의 위 내용에 바로 이어 온갖 사치스런 신발을 신어
서 말썽이 되었던 이야기가 나온다. 불교 경전에서 흔히 '못된 사
람들'의 대명사 격인 이른바 '육군六群 비구'가 푸른색·노란색·붉
은색·진홍색 등등 갖가지 색깔의 신발, 갖가지 색깔의 끈을 단 신
발, 갖가지 모양을 낸 신발, 여러 가지 동물 가죽으로 만든 신발을
신고 다니는 것을 본 사람들이 이를 못마땅하게 여기고 "마치 애
욕을 즐기는 재가자들 같다"는 불평을 하게 된다.

이런 소식을 전해들은 부처님께서 "비구들이여, 저 어리석은 이
들은 어찌하여 신발을 꾸미는 데 몰두하느라 공부를 소홀히 하나
요? 그런 일은 결코 이제까지 믿음이 없던 사람이 새롭게 불법을
믿게 하거나, 이제까지 믿어오던 사람의 믿음을 더욱 깊게 하지 못
하오. 그런 행동은 오히려 이제까지 믿음이 없던 사람이 불법에서
더욱 더 멀어지게 하거나, 이제까지 믿어오던 사람의 믿음을 잃게
할 수 있소.
그렇게 화려하게 꾸미거나 동물 가죽으로 만든 신발을 신으면

안 되오. 그렇게 하면 잘못된 행동을 범하는 것이오"라며 이런 신발을 신는 것을 엄금하는 규정을 정하셨다.

이런 내용을 접하는 우리들은 쉽게 "부처님은 너무 소소한 문제까지 관여를 하셨다"라며 부처님에 대해 '잔소리꾼' 이미지를 가질 수도 있을 것이다. 아니면 "다른 큰 문제들도 많았을 터인데 그까짓 신발 문제가 얼마나 중요했기에 이런 기록이 전해져 내려올까?"라며 비중比重 문제를 들고 나올 수도 있다.

그러나 시야를 조금만 돌려보면 "아, 과연 그럴 수밖에 없었겠구나!"라며 당시 부처님의 입장을 이해할 수 있다. 만약 오늘날에도 많은 사람들이 신발을 제대로 신지 못하는 아프리카 어느 나라에서 똑같은 상황이 벌어진다고 상상해 보자. 과연 갖가지 모양을 내고, 짐승 가죽으로 된 신발을 신고 그 사람들 앞에 나타나 "우리 가르침을 믿으시오"라고 한들 무슨 효과를 내겠는가?

물질의 풍요를 구가하고 있는 오늘 우리나라에서 신발을 신느냐 아니냐의 문제는 아예 거론 대상이 되지 않을지도 모른다. 그러나 스스로 부처님 제자를 자처하는 이들이라면 승가·재가를 불문하고 너무 사치스러운 신발을 신거나 몸을 화려하게 꾸미는 일은 다른 사람들의 눈살을 찌푸리게 할 수도 있고, 그래서 이제까지 부처님 가르침을 믿지 않던 사람이 새롭게 불법을 믿게 하거나, 이제까지 믿어오던 사람의 믿음을 더욱 깊게 할 수 없다는 사실을 명심해야 하리라.

세상에서 가장 소중한 사람

세상이 온통 초록의 밝은 빛으로 환하게 변했습니다. 곳곳에서 희망이 전해지는 좋은 계절입니다. 하지만 해석을 하기에 따라서는 이 희망의 메시지도, "이제 곧 무더위가 찾아와 우리를 힘들게 할 것이다"는 예고로 받아들일 수도 있습니다.

똑같은 현상을 보면서도, 극과 극의 서로 다른 해석을 하는 것이 인간의 마음일 것입니다. 어찌 보면 '똑같은 눈'으로 바라보지 않고, '서로 다른 소리'를 내는 것이 세상의 자연스런 이치일지도 모릅니다. 그렇지 않고 모두가 똑같은 관점에서 세상을 바라보고 한 목소리를 낸다면, 그 세상은 이미 죽어버린 것이나 마찬가지일 것입니다.

스스로를 대하는 마음도 사람마다 차이가 있습니다.

자기를 혐오하고 박해하다가 심지어 자살에 이르는 사람도 있습니다. 그렇다고 해서 다른 사람들을 존경하지도 않습니다. 자신이 밉고 싫듯이, 다른 사람들도 소중하게 여기지 않습니다.

그런가 하면 자기 몸에 대한 집착이 너무 강하여, 쉴 새 없이 보약을 먹고 온몸에 향수와 화장품을 바르며 '몸 가꾸기'에 정성을 기울이는 사람들도 많이 있습니다. 자신에 대한 집착이 너무 강한 나머지 다른 사람들에 대해서는 애써 무시합니다. 다른 사람들이 어떻게 살아가는지 관심을 기울이지 않고, '내 행복을 위해서 도움이 된다면 다른 사람들을 희생하는 것도 아무 문제가 되지 않는다'는 확고한 신념(?)이 넘쳐납니다.

세계의 여러 종교와 철학에서도 '자기 몸'에 대한 관점과 가르침이 천차만별입니다. "스스로에게 극단적인 고통을 가하는 것이 최고의 수행"이라고 여기는 곳이 있는가 하면, "이 세상을 마음껏 즐기는 것이 가장 잘 사는 것"이라고 가르치는 곳도 있습니다.

부처님께서는 항상 '중도中道'를 가르치셨습니다. "비파 줄을 너무 탱탱하게 조여도 안 되지만, 너무 느슨하게 풀어서도 안 된다"는 요지의 가르침은, 설사 불교 신자가 아니라도 아는 사람이 많을 정도로 유명합니다.

사람들은 흔히 "불교에서는 자기 자신을 중요하게 여기지 않는다"고 알고 있습니다. "일체 중생이 성불할 때까지는 내 성불을 미루겠다"는 보살菩薩의 대서원大誓願을 목표로 삼고 있는 대승大乘불교는 그런 오해를 더욱 많이 받습니다.

이와 같이 내가 들었다. 한 때 세존께서 사밧티(舍衛城) 근처 젯타 숲에 있는 아나타핀디카(給孤獨長者)의 수도원(祇園精舍)에 머물고 계셨다.
그 때 코살라의 파세나디 왕이 말리카 왕비와 함께 왕궁의 위층으로 올라갔다. 코살라의 파세나디 왕이 말리카 왕비에게 "말리카여! 그대에게 누군가 그대 자신보다 더 소중한 사람이 있으시오?"라고 물었다.

"대왕이시여! 제게 제 자신보다 소중한 사람은 아무도 없습니다. 그런데, 대왕이시여! 대왕께서는 누군가 자신보다 더 소중한 사람이 있으십니까?"

"말리카여! 내게도 나 자신보다 더 소중한 사람은 없지요."

그리고 나서 코살라의 파세나디 왕은 궁에서 내려와 세존을 찾아뵈러 갔다. 세존께 다가간 그는 무릎을 꿇어 인사를 드리고 한쪽에 떨어져 앉아 왕비와 나누었던 이 대화를 되풀이해 말씀드렸다.

그때, 그것의 의미·중요성을 깨달으시고서 세존께서는 바로 그 순간 영감을 주는 이러한 게송을 읊으셨다.

마음을 다 기울여 곳곳을 왔다 갔다 하여도
자기 자신보다 소중한 사람은 어디에서도 찾지 못하네.
그와 마찬가지로 모든 사람들이 자신을 가장 소중하다고 여기니,
자기 자신을 사랑하는 사람은 다른 사람을 해치면 안 되리.[『우다나』(Udāna: 自說經), 5-1]

위에서 보듯이 부처님의 가르침은 참으로 합리적입니다.

"첫째, 자기 자신보다 소중한 사람은 이 세상에 없다. 둘째, 세상 사람들 모두 똑같이 자신이 가장 소중하다고 여긴다. 셋째, 자신을 사랑하는 사람은, 그러므로 다른 사람을 해치면 안 된다."

'자기를 진정으로 사랑하는 사람'은 '다른 사람들도 소중히 여기고 그들의 행복을 기원하는 사람'입니다. '자애自愛와 자리自利'가 곧 '애타愛他와 이타利他'의 출발점이고, 그 둘이 서로 다르지 않을 때 평화롭고 아름다운 세상이 펼쳐질 것입니다.

　저는 사람들과 어울리기를 좋아합니다. 얼마 전에는 독감에 걸려 고생을 하면서도 좋아하는 벗들과 어울려 거의 매일 술을 과하게 마시기도 하였습니다. 그 때문에 사나흘이면 나을 수 있던 것이 열흘이나 보름이 가도록 기침을 해대며 고생을 하였습니다. "친구들이 억지로 권해서 어쩔 수 없이……"라면서 '함께 어울리는 벗이 많음'을 은근히 자랑하기까지 하였습니다.

　세상을 향기롭게 만드는 첫걸음은 자기를 아끼고 사랑하는 데에서부터 시작합니다. 과도한 음주와 무리한 일을 삼가고 세상에서 가장 소중한 자신의 건강을 챙기는 것, 실은 내 자신뿐만 아니라 다른 사람들도 사랑하고 세상을 위하는 길입니다.
　이제부터 '내가 이 세상에서 가장 소중한 사람'임을 분명히 하고 싶습니다. 그리고 이 사랑이 내 바깥의 세상으로 향하기를 발원합니다.

부처님 시대에도 '왕따'가 있었을까

어린이·청소년들 사이에 '왕따-집단 따돌림'으로 인한 문제가 심각해진 것은 꽤 오랜전부터였다. 이런 문제가 생겨나는 원인과 배경을 두고 전문가들이 다양한 의견을 내놓고 그에 따라 갖가지 해법을 제시하고 있지만, 이 현상이 줄어들기는커녕 갈수록 심해지고 있다.

그런데 부처님 시대 승단 안에서도 이런 일들이 꽤 자주 있었던 것 같다. 그 중 경전에 등장하는 다음의 두 사례가 대표적이다.

첫 번째 이야기는 똑똑한 형을 따라 출가한 바보 동생이 '왕따'를 당했던 사연이다.

부처님께서 죽림정사에 계실 적에, 라자가하 출신의 마하빤타까(摩訶般特)·쭐라빤타까(周利般特) 형제가 차례로 부처님 제자가 되었다. 똑똑했던 형은 스님이 되고 얼마 지나지 않아 깨달음을 얻어 아라한이 되었다.

그러나 동생인 쭐라빤타까는 여러 달이 지나도록 계송 한 구절도 외우지 못하였다. 이에 실망한 형이 동생에게 "너는 승가에 들어올 자격이 없다"고 질책하며 속세로 돌아가라고 권하기까지 하였다.

심지어 부처님의 주치의였던 지바까가 부처님과 제자들을 식사 공양에 초대했을 때에는 형인 마하빤타까가 식사 공양에 비구들을 배정하는 일을 맡았는데, 시주자에게 "쭐라빤타까는 어리석고 멍청하고 지혜가 성숙한 가능성조차 없습니다. 그를 빼고 나머지 스님들을 모두 모시고 가도록 하겠습니다"며 동생 이름을 아예 명단에서 빼 버리기까지 하였다.

이 말을 들은 동생의 마음이 어떠했을까? 다른 사람들에게 따돌림을 당해도 서러운데 피를 함께 나눈 형이 동생을 따돌렸으니 '왕따' 중에서도 아주 심한 것이다. 결국 승가를 떠나 세속으로 돌아가기로 결심하고 사원 문을 나서게 되었다.

부처님께서 쭐라빤타까의 생각을 아시고, 미리 사원 문이 있는 곳으로 경행을 나서서 그를 데려와 앞에 앉게 하고 깨끗한 천 한 조각을 주시며 "동쪽을 보고 앉아서 천을 비비면서 '더러움을 없애자'라는 말을 반복하라"고 하셨다. 부처님께서 말씀하신 대로 천을 문지르면서 "더러움을 없애자"를 반복하던 쭐라판타까도 드디어 "조건에 의해 생겨난 것은 무상하구나!"라고 깨닫고 아라한이 되었다.

한편 공양 초대를 받아간 지바까의 집에서 식사를 시작하기 전에 부처님께서 손으로 발우를 덮어 막고서, "절에 누가 남아 있나요?"라고 물으셨다. 쭐라빤타까를 '왕따'시켜 아예 승가의 일원으로 여기지 않고 있던 비구들은 "절에 남아 있는 비구가 아무도 없습니다"라고 말씀드렸다.

그러자 부처님께서는 "한 사람이 절에 남아 있소. 가서 쭐라빤타까를 데려오시오"라고 지시하셨다. 우여곡절 끝에 쭐라빤타까는 공양에 동참하게 되었고, 관례대로 식사 후에 설법 순서가 되자 부처님께서 그에게 설법을 시키셨는데 쭐라빤타까는 마치 젊은 사자가 포효하듯, 자신감 넘치는 설법을 하였다.(무념·응진 역, 『법구경 이야기1』, 옛길, pp.406~416 요약)

'왕따'를 당해 자칫하면 승가를 떠나 세속으로 돌아갈 뻔했던 쭐라빤타까, 그 마음을 그대로 간직한 상태에서는 설사 세속으로 돌아갔다고 하여도 원만한 삶을 살기 어려웠을 것이고 자칫 파멸에 이를 수도 있었다. '왕따' 때문에 자살까지 결행하는 예들을 오늘날도 숱하게 보고 있지 않은가.

두 번째 '왕따' 이야기의 주인공은 부처님께서 왕자였던 시절에 마부였던 찬나Channa이다.

찬나는 부처님이 왕자 시절 그분을 항상 곁에서 모셨고, 출가할 때에도 동행하였던 측근 중의 측근이었다. 그러니 요즈음 같으면 청와대에서 대통령 가족을 모시는 운전기사나 마찬가지였으니 그

위세가 대단했을 것이다.

아마 찬나 비구도 '높은 분을 모시며' 거들먹거리는 운전기사 비슷했던 것 같다. "부처님 제자가 되겠다"며 출가하여 비구가 되었지만, "부처님을 모셨던 사람인데!"라며 우쭐하여 수행도 바르게 하지 않고, 동료 비구들을 함부로 대하고, 승단의 어른인 장로 비구들이 타일러도 듣지 않고 외고집을 부렸던 모양이다.

그 정도가 얼마나 심하였으면 부처님께서 열반에 드시기 직전 부처님 열반 이후의 일을 여쭙는 아난다 존자에게 다음과 같이 찬나에 대한 특별한 지시를 내리기까지 하셨다.

> "아난다여! 내가 떠나고 나면 찬나 비구에게는 중징계를 내리도록 하시오."
> "세존이시여! 그런데 그 중벌이 어떤 것입니까?"
> "아난다여! 찬나 비구는 그가 하고자 하는 것을 말할 수 있겠지만 비구들은 그와 더불어 대화를 나누어서는 안 되고 훈계를 해서도 안 되며 충고를 해서도 안 되오."
>
> (각묵 옮김, 「디가니까야 2」, p.286)

부처님께서 "찬나와는 말 한마디 나누지 말라"고 하였으니, '찬나에 대한 왕따'를 지시하신 것이다.

물론 찬나 비구는 부처님께서 열반하시고 난 뒤 자신의 잘못을 뉘우치고 홀로 수행 정진하여 마침내 깨달음을 성취하게 된다. 그러니 부처님께서 찰나를 위해 '왕따'라는 고강도 처방을 쓰셨던 셈이다. 부처님께서 열반 직전에 이르러서 이런 방법을 쓰신 이유가 있었을 것이다. 어쨌든 인류 역사상 최고의 교육자였던 부처님께서도 때로는 '왕따'를 시키는 방법을 쓰기도 하셨다니 흥미롭다.

그러나 한 개인이나 집단을 위해 '왕따'를 시켜 올바르게 만드는 일은 아무나 쓸 수 있는 방법이 아니다. 세상에 효과가 뛰어난 좋은 약일수록 동시에 독약毒藥이 될 가능성도 높고 그래서 자격을 갖춘 의사만이 정밀한 진단을 거친 뒤 이 약의 사용을 처방할 수 있듯이, 부처님과 같은 분이 아니고서는 '왕따'와 같은 극적인 방법은 아무리 좋은 의도를 가졌을지라도 절대로 써서는 안 된다.

나를 죽이려는 창칼을
향기로운 꽃잎으로

세계의 거의 모든 종교가 "고통에 빠져있는 인류를 구원하기 위해 존재한다"고 주장한다. 정말 그렇다면 좋은데, 실상은 문제가 많다. "다른 종교는 모두 잘못되어 있고, 내가 믿는 종교만 옳고 바르며 구원 능력을 갖추었다"고 하면서 다른 신앙에 대해 비방하고 노골적으로 "무너뜨리겠다"는 협박까지 하는 종교 지도자들이 있어서 이 잘못된 신앙관을 널리 퍼뜨리고, 그래서 '세상을 평화롭게 해야 할 종교'가 세상을 혼란스러운 투쟁으로 몰아가고 있기 때문이다.

이런 종교 지도자들 때문에 일부에서는 "종교는 모두 아편이다"는 극단적인 주장이 나오고, 그것이 많은 사람들의 호응을 받게 된다. 특히 우리나라처럼 여러 종교가 존재하는 곳에서는 더욱 종교 지도자들이 말 한마디를 잘못할 경우 매우 큰 파장을 일으키게 되고, 그래서 조심 또 조심해야 하지만 갈수록 좋지 않은 방향으로 움직이고 있다.

얼마 전에는 재외공관장 부인들이 모인 공식 행사장에서 대통령 부인이 십자가 목걸이를 눈에 확 뜨이게 한 사실이 알려져 안타깝게 하더니, 이번에는 꽤 큰 교회 목사가 설교 시간에 노골적으로 이웃 종교를 비방·비하하는 말을 서슴지 않고 해대서 다시 세상을 시끄럽게 하고 있다.

여러 언론에 소개된 내용을 보니 그 목사는 교회 설교 시간에 "참다운 구원은 오직 예수그리스도를 통해서 이뤄진다"면서 "석가나 공자·맹자에게는 구원이 없으니 절간에 성경 보내기 운동을 해야 한다. 도대체 불경에는 읽을 내용이 없다. 절에 성경을 보내면 스님들이 감복해 신학교에서 공부하고 '스님 목사'가 될 것"이라고 하였다는 것이다.

뿐만 아니라 "한국 사회의 발전을 위해 선두적인 역할을 할 우리 교회가 공산당도 깨부수고 불교도 깨부수고 미신과 우상도 깨부수는 선봉장이 되어야 한다"고도 했다니, 자기 교회 신도들에게 타종교를 부수고 무너뜨리라는 폭력을 선동한 것이나 마찬가지이다.

이 발언이 소개된 이후 불교계 단체와 언론뿐 아니라 개신교계의 일부 언론에서도 이 발언을 비판하는 글이 나왔다.

나는 이와 관련된 기사를 보면서, "미친 사람이군!"하며 웃어넘기고 말았지만, 불교계에서 이 문제를 두고 바깥세상에 혹 '흥분'하는 듯이 비쳐지지 않았으면 좋겠다는 생각을 한다. 어쩌면 대통령 부인이 십자가 목걸이를 드러나게 착용한 것이나 이번 어느 '웃기는' 목사의 타종교 비방·비하 발언은, 심지어 바른 생각을 가진 사람들이라면 같은 개신교인들 사이에서도 강한 비판이 나올 줄 뻔히 알면서도 일부러 했을지 모른다. 다른 종교인들을 자극해 흥분하게 하고, 그래서 자기 종교인들을 더욱 결속시키겠다는 나름의 계획이 있었을 것이다.

나는 이 '웃기는' 목사의 망언 소식을 들으며 부처님께서 깨달음을 얻으시기 직전 그 깨달음을 필사적으로 막으려고 했던 마라Mara와 그에 대한 부처님의 대응을 떠올렸다.

세 딸의 미모와 교태는 일순간 허물어졌다. 그녀들의 곱던 피부가 검게 변하더니 푸석푸석 주름이 지고, 온몸 구멍마다 오물이 흘러나와 퀴퀴한 냄새를 풍겼다. 마라의 딸들은 통곡하며 보살(성도 직전의 부처님) 앞에서 사라졌다. 의기소침한 노파의 모습으로 돌아온 딸들은 아버지에게 말하였다.

"저희는 보았습니다. 보름달처럼 맑고 환한 얼굴, 진흙 속에서 솟아오른 연꽃 같은 모습, 아침 햇살처럼 산뜻하고 수미산처럼 의젓하며 타오르는 불길처럼 매서운 위엄, 그분은 분명 생사의 속박을 벗어나 모든 중생을 구제할 것입니다. 아버지, 그분에게 대항할 생각은 그만두세요. 수미산이 무너지고 해와 달이 떨어진다 해도 그분은 꿈쩍도 하지 않으실 겁니다."
마라의 분노는 극에 달했다. 보리수 아래 앉은 보살을 굴복

시키기 위해 마라는 타화자재천他化自在天의 모든 군대와 무기를 동원하였다. 악마의 군사들은 살쾡이처럼 날카로운 이빨을 드러내며 달려들었다. 그러나 보살은 어떤 적의도 품지 않았다. 마라는 폭풍과 회오리바람을 일으켰지만 보살의 옷자락도 흔들지 못했고, 폭우를 퍼부었지만 이슬방울만큼도 보살의 옷을 적실 수 없었다. 바윗덩이도 불덩이도 보살 앞에서는 꽃다발로 변했으며, 쏘는 화살마다 꽃송이가 되고, 내려치는 예리한 칼과 창은 꽃잎이 되어 흩어졌다. 재와 모래와 진흙을 퍼부었지만 향기로운 전단향 가루가 되어 보살의 몸을 단장할 뿐이었다. 어둠과 공포는 밝은 태양 아래 아무런 위협도 되지 못했다. 분을 이기지 못하는 마라에게 보살은 도리어 연민을 느끼고 있었다. 협박과 폭력도 효과가 없자 마라는 큰 아량이라도 베푼다는 표정으로 거만하게 말했다.

"인간이 누리는 즐거움이 싫다면 하늘나라로 올라오시오. 내가 누리는 이익과 즐거움을 그대와 함께 하리다."

"마라여, 그대가 누리는 즐거움은 대단한 것이 아닙니다. 그대는 과거에 보시한 공덕으로 욕계의 지배자가 된 것에 지나지 않습니다. 그 복은 한계가 있습니다. 당신도 언젠가는 다시 삼악도에 떨어져 두려움과 고통 속에서 울부짖을 것입니다."

(대한불교 조계종 교육원 부처님의 생애 편찬위원회, 「부처님의 생애」, 조계종출판사, pp.104~105)

절에 기독경(기독교 성경)을 보내겠다고 하면 편하게 받아들이자.

이 기회에 저들이 어떤 가르침을 믿고 있는지, 거기에서 혹 우리가 받아들이고 배울만한 점이 있으면 고맙게 받아 삶의 지침으로 삼자.

그 목사가 "불교를 깨부수겠다"고 했다지만, 그렇게 쉽게 깨부수어질 정도로 약하지는 않다는 것을 우리가 잘 안다. 마라가 보내는 군사들이 쏘아대는 화살·창·칼이 꽃이 되어 흩어지고 그들이 퍼부은 재와 모래는 전단향 가루가 되어 부처님 몸을 향기롭게 단장하지 않았던가 말이다.

깨달음을 이루기 전의 부처님께서 그러셨듯이, 우리도 그 어리석은 사람을 안타깝게 여겨야 하지 않을까? 잘못 배워서 자신을 어둠 속으로 몰아넣고, 이제 다른 사람들까지 그 어둠으로 끌어들이려고 발버둥치는 그에게 연민의 마음이 일어나지 않는가? 그래도 과거에 선업을 쌓아 3악도에 떨어지지 않고 인간 세상에 태어난 그가 이번 생에 쌓은 업으로 다음 생에도 좋은 곳에 태어나기 어려울 것 같아서 안쓰럽지 않은가?

우리부터 먼저 흥분을 가라앉히고, 사실 그대로 살펴보자.

"그가 해대는 욕을 우리가 받지 않으면 그 욕이 다시 누구에게 돌아갈까?" 답은 너무 분명하다.

제 2 부

청정한 승가를 위하여

부처님, 이래도 되는 겁니까?

부처님께서 80 평생을 마치고 사바세계를 떠나신 지 2,500여 년이 지났다. 봄소식과 함께 올해도 어김없이 '부처님 오신 날'을 맞았다.

이날을 맞아 평소 궁금하게 여겼던 것 몇 가지를 부처님께 여쭈었다. 대화는 가상假想 인드라 망을 이용해 이루어졌다.

李: 반열반에 드시던 순간까지도 중생 제도를 멈추지 않으셨던 부처님이시니 혹 제가 여쭙는 내용이 마음이 들지 않으시더라도 널리 이해하고 받아들여주시리라 믿습니다.

佛: 그대도 잘 알겠지만 나는 상대의 출신 성분이나 나이 등을 따져서 만나거나 만나지 않은 적이 없소. 120살이 된 노인이나 다섯 살짜리 어린아이나, 이교도이거나 관계하지 않고 언제든 만나 진리를 전하였소. 그러니 그대가 하는 말이 마음에 들고 안 들고 그럴 일이 없소.

李: 부처님께서는 당시 바라문들이 제사장을 세습하며 대중들을 속이는 행위를 비판하셨습니다. 그런데 오늘날 한국 불교계에서는 부처님 가르침을 공부하고 가르치기보다는 갖가지 명목의 제사를 지내는 것이 주류가 되었습니다.

정초가 되면 전국의 절에는 "올해 운수를 봐달라!"는 신도들이 넘쳐나고, 입춘과 동지가 다가오면 부적을 나누어주는 것이 정례 행사가 되었습니다. 절에서 스님이 사주^{四柱}를 봐주는 것에 대해 일반인들도 전혀 어색해 하지 않을 정도로 '불교=사주팔자'라는 상식이 널리 퍼져있습니다.

그래서 한국 불교는 그것이 "불교인지, 아니면 힌두교나 샤머니즘인지?" 확신할 수 없을 정도로 변하였습니다.

부처님, 왜 이렇게 되었을까요? 혹 부처님께서는 답을 알고 계십니까?

佛: 나도 그것이 답답하기 짝이 없소. "제사를 잘 지낸다고 하늘나라에 가는 것이 아니다"고 그토록 자주 가르쳤건만, 내 제자를 자처하는 이들이 왜 이렇게 제사에 매달리는지 그 이유를 잘 모르겠소.

내가 해줄 수 있는 유일한 답은, "그것이 내 가르침에 어긋난다"는 것이오. 이렇게밖에 답을 할 수 없는 내 마음을 이해해 주기 바라오.

李: 부처님께서는 사람이 훌륭한지 아닌지는 타고난 신분이 아니라 바로 지금 하고 있는 자신의 행위에 따른 것이라고 하셨습니다. 그 당시로서는 혁명적인 주장이셨지요. 그런데 지금 부처님 제자들은 오히려 신분과 계급 제도를 옹호하는 듯합니다. 심지어 출가 햇수에 따라 가사를 구별해서 입는 제도까지 만들어졌습니다.

부처님께서는 막 출가하셨을 때조차 거대 왕국의 왕 앞에서도 당당하고 의연하셨습니다. 이 모습에 감동한 대왕이 "나중에 깨달음을 성취하시면 저를 제도해 주십시오"라는 당부를 드리기까지 하셨지요. 그런데 오늘날 부처님 제자들은 바깥세상의 돈과 권력을 가진 사람에게 한없이 친절하고, 그들에게 잘 보이려고 애를 쓰고 있습니다.

이런 일은 왜 일어날까요?

佛: 나 또한 이렇게 변할 줄은 미처 몰랐소. 내 제자들 숫자가 많아지면서 예상치 않았던 문제가 생기고 그래서 교단 제도를 만들게 되었고 그에 따라 교단 내에 위계가 생기는 것까지는 어쩔 수 없었을 것 같소만, 수행자들이 입는 옷을 차별해서 입게 한다는 발상은 어디서부터 나왔는지 이해할 수가 없구려.

본래 수행자에게 옷이란, 부끄러운 부분을 가리고 눈비와 바람을 막고 추위를 견뎌내는 데 필요한 것 아니겠소? 그런데 어떻게 그것을 계급 표시의 수단으로 삼고자 하는지 나도 답답하다오.

바깥세상의 권력자에게 아부하는 제자들이 있고, 심지어 정치에 직접 뛰어드는 제자들까지 있다는 것은 나도 잘 알고 있소. 그런데 이 또한 내가 어쩔 수 없는 일이 아닐까 싶구려. 혹 이런 일이 너무 심해져서 말법末法 시대로 가는 일정이 당겨지지 않을까 걱정할 뿐이오.

李: 부처님께서는 율律이 깨진 교단은 살아남기 어렵다고 하셨습니다. 마지막 반열반에 드실 때 '부처님 열반 후의 일'을 여쭙는 제자에게도 "내가 가르친 진리인 법法과 승단의 규율인 율律이 내 빈자리를 지켜줄 것"이라고 분명하게 말씀하셨습니다.

그런데 지금 한국 불교에서는 율의 정신이 사라지고, 심지어 "무엇이 부처님 제자가 지켜야 할 율인지?"에 대해서도 무지하기 짝이 없습니다. 금이 가고 깨져서 물이 새는 질그릇처럼, 계율이 무너진 승단의 존립이 위험한 상황에 있습니다.

부처님, 부처님께서 정해주신 율이 이렇게 무시당하게 된 이유가 무엇일까요? 시대가 변했기 때문에 어쩔 수 없는 일일까요? 아니면 혹 부처님께서 율을 잘못 제정하셔서, 제자들이 도저히 감당할 수 없는 내용을 담아놓으셨기 때문일까요? 그것도 아니면 지금 제자들에게 문제가 많은 것일까요?

佛: 나는 그 당시 실정에 맞는 율을 정했다고 지금까지 확신하고 있소. 그리고 그때 율의 여러 항목을 정했던 정신이나 의의는 여전히 유효하다고 생각하오. 문제는 그것을 쉽게 무시하고 함부로 행동하는 사람들에게 있는 게 분명하오. 하지만 너무 실망하지는 맙시다. 세상 모든 일에 높낮이 주기가 있으니, 우리 교단에도 다시 계율이 청정한 훌륭한 이들이 많이 나와 모든 것을 바르게 잡는 날이 반드시 올 것이오.

李: 부처님께서 여성 출가를 받아들이면서 이른바 '비구니팔경계법'을 정해주셨다고 알고 있습니다. 일부에서는 이것이 '후대에 덧붙여진 내용'이라는 가설을 내놓기도 합니다.

이 '팔경계법'이 부처님께서 직접 제정해 주신 것이든 후인들이 부처님을 가탁해 만들어낸 것이든 상관없이 이것이 남녀차별의 근거가 될 수 없을 것이라는 점만은 분명해 보입니다.

그런데 요즈음 세계 여러 곳의 불교 교단에서 다른 계율은 존재조차 모르거나 아예 무시해 버리면서도 이 '팔경계법'만은 귀중한 보물처럼 받들어 모시며 비구니 출가를 용인하지 않거나 비구니에 대한 차별을 합리화하는 도구로 삼고 있습니다.

부처님, 2,500년이 흐른 지금 부처님께서 바라보시는 교단 내 여성의 지위는 어떤 것인가요? 여성에 대한 차별은 어쩔 수 없는 것일까요?

佛: 비구니 출가를 허락하면서 정말 많이 망설였소. 그것은 여성을 차별해서라기보다는, 여성을 보호해야겠다는 뜻이 강했었기 때문이오. 요즈음도 치안이 불안한 곳에서는 여성들이 마음 놓고 외출을 하거나 여행을 다닐 수 없는데, 그 시절 인도 땅에서야 어느 정도였겠소? 자칫 잘못하다가는 곳곳에서 큰 문제가 생겨날 것 같아, 망설이고 망설였던 것이오. 그래서 여러 조건을 붙여서 가능한 여성 출가를 어렵게 했던 것이오.

그런데 여성에 대한 보호를 위해 만들었던 제도가 요즈음은 그들에 대한 차별을 정당화하는 도구로 쓰이고 있다니 참으로 안타깝구려. 하지만 "여성은 남성과 동등한 권리와 의무를 갖고 태어났다. 여성 또한 수행 정진하여 깨달음을 얻을 수 있음은 내 제자 비구니들이 남긴 『테리가타』*Therigatha, 長老尼偈*에 증거로 남아 있다"고 분명히 말할 수 있소.

제가
이와 같이 들었습니다

　『반야심경』처럼 아주 짧은 경전을 제외하고 거의 모든 불교 경전에는 일정한 형식이 있다. 맨 앞에 부처님께서 설하신 경전을 직접 들은 사람의 이야기가 나온다.

　우리에게 가장 익숙한 한역漢譯 경전에서는, "如是我聞, 一時, 佛在 ……, …… 與大比丘衆 ……"으로 시작하면서 '이 경전은 지어낸 이야기가 아니라 부처님께서 누구누구에게 이런저런 장소에서 설하신 진실한 기록'이라는 사실을 드러내준다.(깊이는 모르지만, 아마 기독교 『성경』을 비롯한 다른 종교의 성전도 비슷한 구조를 가지고 있을 것이다.)

　이처럼 모든 경전이 '여시아문'으로 시작하기 때문에, 불교 신자들 중에 이 말을 모르는 사람은 드물 정도이고, 심지어 서점 이름과 출판사 이름으로 쓰이기도 한다.

　그런데 한역경전에서 옮기든 Pali어 경전이나 Sanskrit경전에서 옮기든, 경전을 우리말로 옮기는 일에 종사하는 많은 사람들이 이 말을 무의식적으로 "내가 이와 같이 들었다"라고 하고, 독자와 일반 불자들도 이 번역을 별 거부감 없이 받아들인다.

이 말은 Pali어 경전에서 "Evam me sutam"라는 구절을 그대로 한문으로 옮긴 것이고, 영역英譯을 하는 사람들도 "Thus have I heard"라고 옮긴다. "Evam me sutam"·"如是我聞"·"Thus have I heard" 이 구절만 따로 떼어놓고 보면, 우리말로 "내가 이와 같이 들었다"라고 옮기는 데에 아무런 문제가 없어 보인다.

그러나 여기에서 '나'·'我'라고 칭하는 불법佛法의 전달자, 화자話者가 누구인지, 그리고 그의 말을 듣는 사람들이 누구인지 조금만 주의 깊게 살펴보면, 존대尊待 화법이 있는 우리말에서 "내가 이와 같이 들었다"라고 옮기는 것에 큰 잘못이 있음을 쉽게 알 수 있을 것이다.

특별한 경우를 제외하고, 부처님 말씀을 전하는 '나我'는 부처님을 가장 오랜 동안 가까이에서 모셨던 아난다阿難 존자이다. 그리고 그 '나我'의 말을 듣고 있는 청중들은, 부처님께서 열반에 드신 뒤 칠엽굴에서 열린 제1결집에 모인 500 아라한들이다.

상상해 보라. "아직 아라한이 되지 못했기 때문에, 결집에 참여할 수 없다"는 말까지 들어야 했던 아난다 존자가 모두 깨달음을 얻어 아라한이 된 500명 앞에서 "내가 이와 같이 들었다"라고 반말을 할 수 있을까? 게다가 그 자리에는 마하 깟사빠摩訶迦葉와 우빨리 존자를 비롯한 '쟁쟁한 어른들'이 함께 하지 않았던가.

결집 참여조차 거절당했던 아난다 존자, 그가 아무리 오랜 동안 부처님을 가까이 모신 시자였고 부처님의 가르침을 가장 많이 듣고 그 내용을 가장 많이 기억해서 '다문제일多聞第一'이라는 별칭을 얻었다고 할지라도, 500명 아라한 앞에서는 공손했을 것이다.

아니, 설사 그들이 아라한이 아니고 일반 신자들이나 어린아이들이었다고 해도, 아난다 존자는 "내가 이와 같이 들었다"라고 하지 않았을 것이다. 우리가 이렇게 옮기는 것은 아난다 존자의 인격을 무시하고 있는 것이다. 만약 그분이 "내가 이와 같이 들었다"라고 했다면, 아난다는 이미 존자尊者라는 호칭이 맞지 않는 사람일 것이다.

예를 들어보자. 성철 스님의 문도들이 모여서 스님의 어록과 행장을 편찬하기로 하였다고 치자. 어록과 행장 편찬을 위한 성철문도 모임에서, 오랜 동안 스님을 모셨던 원택 스님이 성철 스님이 살아계실 때 모습과 가르침을 전해주면서 "내가 이와 같이 들었다. 은사 스님께서 ……라고 말씀하시는 것을"이라고 할 수 있을까?

"Evam me sutam"·"如是我聞"·"Thus have I heard"는, "제가 이와 같이 들었습니다"로 옮겨야 옳다. 그리고 이것은 아난다 존자를 제대로 자리매김해 드리는 것이기도 하다.

이발사가 출가하다

　　이 세상에 몇 가지 직업이 있을까? 아마 수백 가지가 넘을 것인데, 그 중에는 '네일 아티스트^{nail artist}'나 '컴퓨터 게이머' 등 불과 이삼십 년 전에만 해도 들어본 적이 없는 색다른 것들도 있다. 산업기술 발달과 직업의 세분화 경향에 따라, 앞으로 세월이 흘러가면 갈수록 직업 숫자는 더욱 늘어나게 될 것이 틀림없다.

　　그러면 부처님 시대 인도에는 어떤 직업들이 있었을까. 마가다의 왕 아자따삿뚜가 부처님을 처음 뵌 자리에서 드린 말씀 중에 당시의 다양한 직업에 관해 엿볼 수 있는 대목이 있다.

> "세존이시여! 세상에는 여러 가지 기술 분야가 있습니다. 코끼리몰이꾼·말몰이꾼·전차병·궁수弓手·기병騎兵·군대 참모·보급병·고위 관리·왕자·정찰병·영웅·갑옷 기병·하인의 아들·요리사·이발사·목욕 보조사·제과인·정원사·염색인·직공織工·바구니 만드는 사람·질그릇 만드는 사람·경리經理·반지 만드는 사람과 그밖에 여러 가지 기술 분야들이 있습니다." (각묵 옮김, 「디가니까야」 1, 초기불전연구원, pp.195~196)

경전을 보면 위에 나오는 직업을 가진 사람들뿐만 아니라 보석 세공사·목수·춤꾼·서커스 배우 등 여기에 언급되지 않은 직업과 관련된 일화도 자주 등장한다.

이 중에서 이발사는 지계제일의 부처님 상수 제자 우팔리 존자가 출가 전 직업이었던 관계로 우리의 관심을 끈다. 그러면 그 당시 이발사는 어떤 대접을 받았을까? TV 등에서 전해주는 다큐멘터리 프로그램을 보면 인도에는 아직도 대대로 머리 깎는 일을 직업으로 삼는 카스트가 있는데, 이들의 신분은 매우 낮다고 한다. 하긴 우리나라에서도 요즈음은 '이발사'라는 옛 이름보다는 '헤어 디자이너·아티스트' 등의 멋있고 그럴 듯해 보이는(?) 이름을 갖고 손님들에게서 "선생님!"이라는 호칭을 듣게 되었지만, 이발사나 미용사가 제대로 대접을 받게 된 것은 그리 오래 되지 않았다.

관객을 꽤 많이 모았던 영화 「효자동 이발사」에서도, '높은 분'의 호의의 대상이 될 수는 있지만 자칫 그 높은 분의 심기를 건드렸다가는 큰 낭패를 보게 되는 서글픈 이발사 이야기가 우리의 가슴을 울렸다.

다시 부처님 시대로 돌아가, 그 시절의 이발사는 사회적으로 어떤 대접을 받았는지 살펴보자.

아누룻다·아난다·데바닷타 등 부처님의 고국 카필라성 왕족 출신 젊은이들이 단체로 출가를 감행했을 때 있었던 일이다.

그때 이들을 모실 하인과 이발사인 우팔리도 이들과 함께 떠났다. 그들은 얼마쯤 가다가 하인들을 돌려보내고 국경을 넘었다. 그들은 좋은 옷을 벗어 버리고 가사로 몸을 두른 뒤 이제까지 지니고 있던 소지품들을 모두 한 자리에 모은 다음 우팔리에게 주면서 말했다.

"우팔리여, 이것을 가지고 돌아가거라. 이것이면 생활하기에 충분할 것이다."

젊은 왕족들의 소지품을 받아서 카필라성으로 되돌아가던 우팔리가 생각했다.

'사키야족은 사납다. 사람들은 내가 이 젊은이들을 파멸의 길로 데리고 갔다고 생각하고 나를 죽일 것이다. 지금 사키야족 젊은이들은 출가하여 집 없는 수행자의 길을 떠나고 있다. 그런데 나라고 출가하지 말라는 법은 없지 않은가?'

우팔리는 가지고 있던 소지품들을 나무에 매달고 이렇게 말했다.

"누구든 이것을 먼저 발견하는 사람이 가져가라. 선물이다."

그리고는 사키야족 젊은이들이 모여 있는 곳으로 돌아가자, 이들이 그에게 말했다.

"우팔리여, 왜 되돌아왔는가?"

우팔리가 자기 생각을 말하자, 그들이 대답했다.

"우팔리여, 잘했소. 우리 사키야족 사람들은 워낙 사나워서 그대를 죽일지도 모르오."

그들은 우팔리를 데리고 부처님께서 계신 곳으로 갔다. 거기에 도착하자 부처님께 공손히 절을 드리고 한쪽에 앉아서 말했다.

"세존이시여, 우리 사키야족 사람들은 교만합니다. 여기 이 우팔리는 오랫동안 저희들의 시중을 들었습니다. 저희들보다 이 우팔리를 먼저 교단에 받아들여 주십시오. 그러면 저희들이 우팔리에게 예의를 표할 것입니다. 그렇게 해서 저희 사키야족 사람들의 교만한 마음을 스스로 무너뜨리도록 해 주십시오."

이 말씀을 들은 부처님께서 우팔리를 먼저 제자로 받아들이고 나머지 여섯 젊은 왕족들을 받아들였다.[「소품」*Cula Vagga*(남전 율장*Vinaya Pitaka*); I. B. Horner역, *THE BOOK OF THE DISCIPLINE*, Volume V, THE PALI TEXT SOCIETY, pp.256~257]

뒷날 여러 차례 부처님을 해치려고 했던 인물, '교단 분열의 주범'으로 악명이 높은 데바닷타까지도 함께 "세존이시여! 오랫동안 저희들의 시중을 들어왔던 이발사 우팔리를 저희들보다 먼저 비구로 만들어 주십시오. 저희들은 그보다 뒤에 비구가 되어 그에게 머리를 숙이겠습니다. 그가 여행에서 돌아오면 일어나서 정중하게 맞이하고 합장의 예를 올리겠습니다. 이렇게 하면 저희들이 갖고 있던 사키야족의 교만驕慢 덩어리가 부드러워질 것입니다"라고 말씀드릴 수 있었다니, 이 얼마나 감동적인 장면인가.

이 일화를 통해서 우리는 부처님 당시 이발사라는 직업이 사회적으로 낮은 신분에 속했음을 쉽게 알 수 있다. 혹 "다른 여섯 명이 모두 왕족인데, 이발사뿐 아니라 다른 어느 직업을 가진 사람이었다고 해도 마찬가지 아니었을까?"라며 의문을 보일 수도 있다. 하지만 부처님의 마부였던 찬나 비구가 "내가 부처님을 모시던 사람인데~~"라며 거만하게 행동하고 수행을 게을리 하여 심지어 부처님께서 열반에 드시는 마지막 순간에까지 "찬나 비구에게는 적절한 벌을 주라"는 유언을 남기셨던 상황에서 유추해 보면, 당시 이발사라는 직업이 어떤 위치에 있었는지 확인된다.

앞에서 영화 「효자동 이발사」를 예로 들면서 우리나라 이발사 이야기도 하였지만, 승보종찰僧寶宗刹로 유명한 송광사 방장을 지내신 구산九山 스님도 출가 전 가정이 어려워 학교 공부를 제대로 하지 못했던 이발사였다고 한다.

부처님 시대에도
종교 갈등은 심각했었다

　요즈음 '종교 편향' 문제로 온 나라가 시끄럽다. 물론 인류 역사상 종교 갈등이나 충돌이 없었던 시절이 어디 있을까마는, 오늘 이 땅에서는 특히 "우리가 믿는 신 이외의 모든 것은 사악하다. 우리 종교 아닌 다른 가르침은 모두 잘못되었다"고 믿는 근본주의 개신교도들 때문에 그 문제가 더욱 심각하다. 자칫 잘못하다가는, 남북 문제와 세대 갈등·지역 갈등·빈부 갈등·진보와 보수의 갈등에 더하여 각 종교들 사이에서 생겨나는 갈등과 분쟁이 심각한 수준에까지 이르고 그래서 우리 민족을 매우 힘든 상황으로 몰아가지 않을까 염려스럽다.

　이런 상황에 이른 것이 꼭 종교적 편견을 가진 개신교 장로 출신이 대통령이 되어 개신교를 우대하고 다른 종교를 폄훼하는 정책을 펼치기 때문일까? 아니면 유달리 공격적이고 배타적인 한국 개신교의 특성상 어쩔 수 없는 것인가?

혹 과거 역사에서는 이런 일들이 없었을까? 과연 여러 다른 종교들이 조화롭게 공존하는 것은 가능할까? 혹 기존의 사상과 종교를 비판하면서 탄생하는 것이 모든 종교에 공통되는 성격이므로 모름지기 종교는 모두 '배타적'일 수밖에 없고, 그래서 '종교간 화합'이라는 말은 단지 구호에 불과할 뿐이며 결국 '종교간 화합과 평화로운 공존'은 불가능한 일이 아닐까?

인류 역사에 어떤 형태로든 오늘날과 같은 형태의 조직화된 종교가 생겨나면서부터 그것들 사이에 갈등과 분쟁이 없었던 적은 아마 없었을 것이다. 경전과 율장을 보면-물론 불교 쪽의 입장을 담고 있으므로 신뢰성의 문제가 제기될 수는 있겠지만-부처님 당시에도 이 문제가 때로는 매우 심각한 수준에 이르렀음을 알 수 있다.

부처님께 귀의하는 제자들의 숫자가 기하급수적으로 늘어나는 데다가 코살라와 마가다 같은 큰 나라의 왕들과 오늘날 기준으로 보면 재벌이라고도 부를 수 있을 정도의 재력을 가졌던 아나타핀디카(給孤獨) 장자 같은 인물들이 귀의하면서 부처님과 불교 교단의 규모가 커지고 그에 따라 영향력이 커지게 되자, 이른바 육사외도六邪外道를 비롯한 다른 종교 쪽에서는 갖은 비방과 비난을 퍼붓게 된다. 부처님을 찾아와 직접 논쟁을 제기하며 논파를 꾀하기도 하고 음모를 꾸며 부처님과 제자들을 욕보이려고 하기도 하였는데, 이런 상황은 여러 『니까야』를 비롯한 초기 경전과 율장에서 숱하게 확인할 수 있다.

경전과 율장에서 외도라고 전하는 타종교 쪽에서 불교를 매도하고 공격했던 일 중에는 심지어 이런 일까지 있었다.

여자 신도를 설득해 "그대가 우리 교단을 위한다면, 임신한 것처럼 꾸미고 매일 똑같은 시간에 석가족 수행자들의 승원(僧院: 僧園) 주변을 맴돌도록 하라"고 해서 많은 사람들에게 마치 이 여인이 스님들과 관계가 있는 것처럼 비치게 하고, 기회를 보아 자신들이 이 여인을 살해하고 암매장한 뒤 "불교 교단에서는 죄 없는 여인을 성폭행하고 살해하였다"는 소문을 퍼뜨린 뒤에 그 소문을 근거로 당국에 고발을 하였던 것이다.

이 사건은 국가 권력이 개입하여 마침내 진상이 제대로 밝혀져 부처님과 승단에 대한 음해 작전이 수포로 돌아가기는 했지만, 이를 통해 부처님 당시 종교 사이의 경쟁과 갈등이 어느 정도로 심각한 수준이었는지 짐작하게 해준다.

(「우다나」 4.8 「순다리경」)

이른바 외도라고 하는 다른 종교 쪽에서 불교를 비방하고 공격한 이유는 "국가 권력과 부자를 비롯한 재가의 후원을 빼앗아간다"고 여기면서 위기감을 느끼는 측면도 강하였지만, 자기네 교단의 사람들-성직자들-이 무더기로 부처님 교단으로 옮겨가는 데따르는 불안감도 컸을 것이다. 이런 상황이 계속된다면 교단의 존립 자체가 불가능하게 될 것이니, 그들이 살인 사건을 조작하는 음모를 꾸며가면서까지 부처님과 불교 교단을 공격하려고 했었을 것이다.

　그러면 이런 상황에 대해 부처님은 어떻게 대응했을까? 다른 종교의 성직자였다가 부처님의 가르침에 감복하고 부처님과 교단에 귀의하여 출가를 원할 경우 그들에게 유예기간 4개월을 주어, 그 기간 내에 이전에 속했던 종교로 돌아갈 수 있는 여지를 주었다. 아마도 이런 방식으로 위에서와 같은 충돌과 갈등 문제를 피하려고 했었던 것으로 보인다.

　『마하박가』에서 "과거에 외도였던 사람이 이 교법과 율법에 출가하여 구족계를 받고자 하면, 그들에게 모두 4개월간의 수습 기간을 주어야 하오"라고 부처님께서 말씀하신 것은 당시에도 개종 문제가 매우 심각한 상황이었음을 암시한다고 하겠다.

　하지만 이어서 "석가족 출신으로 외도였던 사람이 와서 구족계를 받고자 하면 그들에게는 유예 수습 기간을 주지 말고 곧바로 구족계를 주어도 좋소. 그것은 내 친족들에게 베푸는 특별한 예우"라고 하신 것으로 보아 예외가 있었음을 알 수 있는데, 이 조항 또한 석가족에 대한 특별 대우라기보다는 석가족의 경우 개종에 대한 저항과 갈등을 피해나가기가 수월했기 때문일 수도 있다.

　다른 종교인들을 강제로 개종시키거나 갖가지 이익을 내세워 자기네 종교로 끌어들이고 심지어 "과거에 스님이었던 사람이 개종해서 불교의 문제점을 증언한다"면서 '신앙 간증'이라는 미명 아래 다른 종교를 비방하고 공격하는 일이 예사로운 오늘날, 개종 희망자에 대해 '4개월 유예' 조항을 두어 갈등을 피하고자 했던 부처님의 해결 방식이 더욱 절실해진다.

2,300여 년 전 인도 전역을 통일해서 올바른 정치를 실현하고 그래서 '전륜성왕'의 칭호를 얻었던 아소카 대왕이 마애법칙磨崖法勅에 남긴 다음 구절은 아직도 유효하다.

"자기 자신의 종교만을 존경하고 다른 사람들의 종교를 비난하면 안 되고, 이런 저런 이유로 다른 사람들의 종교에도 경의를 표하라. …… 자기 종교만을 존경하고 다른 종교를 비난하는 사람은 누구라도, '내 종교를 영광되게 할 것'이라고 생각하면서 자기 종교에 공헌한다고 한다. 그러나 실상은 그와 반대로, 그렇게 하면서 자기 자신의 종교에 더 무거운 상처를 내는 것이니, 그래서 화합이 좋다."

특정 종교 신자인 대통령에 의한 종교 편향·헌법 파괴와 같은 말들이 난무할 정도로 종교 갈등이 심각한 요즈음, 개종을 원하는 사람에게 유예기간 4개월을 가지도록 원칙을 정했었던 부처님의 고민과 그 원칙의 실행이 불교뿐만 아니라 이 나라 모든 종교계에 더욱 절실하지 않을까?

세속 법과 종교의 마찰은
어떻게 처리했을까?

　동서고금을 막론하고 '탈속脫俗'을 표방하는 종교계와 세속의 권력·법률 체계 사이에는 항상 긴장 관계가 있었다. 성聖과 속俗, 두 권력 사이에서 힘의 균형추가 어느 쪽으로 기우느냐에 따라, 때로는 종교계에 대해 세속 국가 권력이 우세한 힘을 발휘하기도 하지만, 가톨릭 교회가 절대 권력을 휘두르던 서양 중세 시대와 같은 때에는 그와 반대로 종교 권력이 우세하여 세속 권력과 법률 체계가 종교계에 아무런 영향을 가지지 못하는 경우도 있었다. "어느 쪽이 옳은지?"라는 물음에 줄 수 있는 가장 좋은 답은, "정확한 답이 없다"는 것이다.

　과거뿐 아니라 오늘날에도 '기독교'나 '이슬람' 신정神政 국가를 꿈꾸는 사람들이야 당연히 "종교 자체의 율법이나 규정·규칙이 당연히 세속 권력보다 우위에 있어야 한다"는 논리를 펼치고 있고, 그들에 비해 소수이고 강도가 약하긴 하지만 남아시아 일부 국가의 승려들 중에서도 이와 비슷한 주장을 하는 이들이 있다.

　어쨌든 두 권력 사이에 적절한 균형이 이루어지면, 서로 상대의 존재와 규율 체계를 인정해 주며 적당한 평화 관계를 유지할 수 있을 것이다. 우리 고대 역사에 등장하는 '소도蘇塗'의 존재가 아마 이런 적절한 균형 관계를 상징적으로 보여주는 것이 아닐까 싶다. 그러나 오늘날 우리 사회에서 때로는 '종교 성소聖所'에 대한 공권력 집행 문제를 둘러싸고 심각한 상황이 벌어지는 것을 보면 이 문제는 정말 해결하기 어렵고, 정답을 찾기도 쉽지 않은 미묘한 문제임에 틀림없다.

그러면 부처님 당시 불교 교단인 승가와 세속 권력 사이에서 생기는 마찰, 혹은 승가의 계율과 당시 세속 국가의 법률 체계 사이의 갈등은 어떻게 해결했을까?

부처님께서 왕사성의 영취산에 머무실 때에 이런 일이 있었다.

당시 부처님과 스님들은 풀집을 짓고 그곳에서 우雨 안거를 지내고 나서 그 풀집을 허물어버린 뒤에 만행을 떠나셨다.

그때 부처님 제자 중에 다니야Dhaniya라는 비구가 있었는데, 그는 안거를 마치고 나서도 풀집에 머물며 마을로 걸식을 다녔다. 어느 날 땔감을 구하러 다니던 마을 여인들이 그가 탁발을 나간 사이에 세 차례나 그의 풀집을 허물어버리고 풀과 나무들을 가져가 버렸다.

그러자 다니야는 '세 번이나 이런 일이 있었다. 만약 내가 직접 진흙을 반죽해서 흙집을 지으면 어떨까?'라고 생각했다. 그리고 나서는 직접 흙을 반죽해서 멋진 흙집을 지어 그곳에 머물렀다. 그런데 어느 날 세존께서 우연히 이 멋지고 아름답고 쾌적한 흙집을 보시고는, 그것이 지어진 경과를 알아보신 다음에 "흙집을 짓는 것은 잘못이다"라며 그 집을 허물어버리게 하셨다.

오늘날의 기준으로 보면, "흙집을 허물어버리라"고 하신 부처님의 처사가 지나치게 보일지도 모르지만, 그 시절에 '흙을 곱게 반죽하고 풀과 소똥으로 그슬려 굽기까지 한 집'은 이 시절 입방아에 자주 오르내리는 이른바 '고급 토굴' 정도에 해당되었을 것이다.

그런데 부처님께 야단을 맞고, 자기가 지은 흙집을 부처님 지시로 허물어 버렸는데도 다니야는 오히려 더 큰 문제를 일으켰으니, 평소 알고 지내던 국가 목재 보관소 관리인에게 "대왕께서 내게 주신 것들이오"라 하고, 목재를 얻어다 그야말로 호화 토굴을 지었던 것이다.

하지만 세상에 비밀은 없는 법이고 영원히 드러나지 않는 범죄는 없다고 하지 않는가? 국정 시찰을 다니던 재상이 이 일의 전말을 알게 되고 빔비사라 왕에게까지 보고가 되어 목재 관리인이 문초를 당하게 되었고, 결국 왕과 다니야 비구가 직접 대면하게 되었다.

한쪽에 떨어져 앉은 빔비사라 왕이 다니야에게 "비구여! 도시를 정비할 때 쓰고 재난의 경우에 대비하려고 왕이 보관시킨 목재들을 제가 드렸다는 것이 말씀하신 대로 사실입니까?"라고 묻자, 그는 "전하! 그렇사옵니다. 전하께서 즉위하여 처음 관정을 받으실 때 '수행자들과 바라문들이 풀·목재와 물을 마음껏 즐길 수 있게 해드리겠다'라고 하신 말씀을 기억하십니까?"라고 대답하였다.
"예, 기억합니다. 겸손하고 성실하며 수행을 열심히 하려는 수행자들과 바라문들에게는 염려할 것이 별로 없습니다. 제가 그때 했던 말은 이분들에 해당되는 것이고, 그 물건들은 정글 안에 있는 것들로 아무도 소유하지 않는 것들입니다. 비구여! 그러면 그대는 이 속임수를 써서, 그대에게 주어지지 않은 나무를 훔치기로 생각하셨군요? 나 같은 사람이 어찌 나라 안에 살고 있는 수행자나 바라문을 채찍질하거나, 가두거나 추방할 수 있겠습니까? 나가시오. 머리를 깎은 덕분에 풀려났으나, 다시는 그런 일을 하지 마시오."(「숫따비방가」*Suttavibhang* 2, 바라이)

여기에서 우리는 매우 중요한 사실을 발견하게 된다. 당시 세속 국가 권력에서는 부처님과 승가 전체에 대한 신뢰가 있어서, 설사 국가의 법률을 어긴 범법 사실이 있을지라도 그에 대한 직접 처벌은 삼갔다는 것이다.

이쯤에서 혹 "맞아, 국가 권력이 종교인을 함부로 하면 안 돼!"라며 반가워하는 이들이 많을 수도 있지만, 그것은 오해다. 당시 범비사라 왕이 다니야를 풀어준 것은, 그의 범법을 인정하는 것이 아니라 부처님과 승가의 규율에 대한 믿음이 있었기 때문이다.

『율장』에서는 과연 왕의 믿음에 어긋나지 않게 철저한 조사를 한 뒤 부처님께서 직접 다니야와 대면하여 사실을 다시 확인하고 그를 승단에서 추방하는 중징계 조치를 취하는 상황을 다음과 같이 전한다.

국가에서 쓸 재목을 마음대로 가져갔다가 풀려난 다니야 비구의 소문을 들은 사람들이 짜증이 나고 마음이 상하고 화가 나서 "수행자다운 구석이 하나도 없다. 왕까지 속이는데, 다른 사람들에게는 얼마나 더 심하겠느냐?"며 스님들 전체를 욕하였다.

그리고 이 소문을 전해들은 비구들이 이 일을 세존께 말씀
드렸다.

……

그 무엇이 되었든 자신에게 주어지지 않은 것을 도둑질해서
가져갈 경우, 왕이 도둑질을 한 도둑을 잡아서 …… 채찍질
을 하거나 투옥하거나 혹은 추방하는 것과 똑같은 방식으
로, 자신에게 주어지지 않은 것을 취한 비구 또한 추방되고,
더 이상 이 공동체에 머물 수 없소.

마른 똥 막대기는
태워 없애 버려라!

1. 벌거숭이 임금님 이야기

많은 사람들이 안데르센의 동화『벌거숭이 임금님』의 내용을 잘 안다.

이해를 돕기 위해 간단한 줄거리를 소개하면 다음과 같다.

옛날 어떤 나라에 사기꾼들이 찾아온다. 그 나라 임금이 '새 옷이라면 사족을 못 쓰는 사람'이라는 소문을 듣고는 한바탕 일을 꾸미며 한 몫 잡으려는 계산에서다. 이번에 쓰려고 하는 카드는 '자격이 없는 사람이나 바보들에게는 보이지 않는 옷'이다. 옷의 빛깔이며 무늬가 세상 어느 옷에도 견줄 수 없을 만큼 아름답지만 "무자격자나 바보의 눈에는 보이지 않는다"는 것이다.

임금님은 사기꾼들이 퍼뜨린 소문에 혹하여 많은 돈을 주면서 사기꾼들에게 옷을 지으라고 명한다. 사기꾼들은 돈을 받아 챙긴 뒤 빈 베틀에 앉아 열심히 옷감 짜는 시늉을 한다.

하루빨리 그 신기한 옷을 입고 싶어 안달이 난 임금님은 신하에게 "옷이 얼마나 만들어졌는지?" 보고 오라고 명한다. 신하는 아무 것도 없는 베틀을 보고는 가슴이 덜컥하지만 자신이 무능하다고 알려질까 봐 겁이 나서, "정말 아름다운 옷!"이라고 칭송한다. 두 번째로 임금의 명을 받은 신하도 마찬가지다. 마침내 임금님까지도 옷 짓는 곳에 가서, 아무 것도 보이지 않는데도 불구하고 자기가 '무능하다'는 것이 알려질까 겁이 나서 "멋진 옷!"이라며 거짓의 증폭 과정에 동참한다. 이렇게 해서 신기한 옷에 대한 소문으로 온 나라가 들썩거린다.

마침내 옷이 완성됐다. 임금님은 불안감과 당혹감을 애써 누르면서 그 신기한 옷을 차려 입고 행차에 나선다. 사람들의 입에서 이구동성으로 그 멋진 옷에 대한 칭송이 터져 나온다. 그야말로 거짓의 절정이다.

그러나 한 어린이가 멋모르고 "임금님은 벌거숭이잖아!"라고 솔직한 말을 하면서, 그 완강하던 거짓의 틀이 깨진다. 사방에서 "임금님이 옷을 입지 않았네……"라고 쑥덕거리게 되면서 취약하기 짝이 없는 거짓의 토대가 한순간에 무너져 내린다.
그런데도 벌거숭이 임금님의 행차는 '아무 일 없다는 듯' 계속된다.

『벌거숭이 임금님』 이야기는 "거짓이 어떻게 생겨나 점점 커지게 되고 그것이 사회의 지배적인 여론으로 자리 잡아 가는지", 그 과정을 담담하게 폭로하면서 '거짓이 횡행하는 세태'를 풍자한다.

2. 마른 똥 막대기를 끌어안고 살아가는 사람들

우리가 요즈음처럼 부드러운 화장지를 쓰게 된 것은 그리 오래되지 않았다. 불과 수십 년 전에만 해도 시골 뒷간에는 새끼줄을 걸어놓거나 짚을 뭉쳐 놓아두고, '똥'을 누고 난 뒤에는 그 새끼줄에 '쓱' 문지르고 지나가면서 뒤처리를 하던 곳이 있었다.

"부처가 누구냐?"는 물음에, 운문雲門 선사가 '건시궐乾屎橛'이라고 했다던 그 '마른 똥 막대기'가 바로 우리네 뒷간에서 쓰던 새끼줄과 똑같은 것이다.

운문 선사가 부처님을 일컬어 '마른 똥 막대기'라고 했다니, 요즈음 세상 같으면 온 세상을 놀라게 할 '훼불毁佛'사건이 될지도 모른다. 하지만 이런 혁명적 발상을 하는 것이 선일 것이다.

그런데 '그렇고 그런 것', '직선적 논리'에 식상한 서양인들이 "부처는 마른 똥 막대기다"는 한마디에 깜짝 놀라 불교와 선(명상)에 관심을 높여가는 최근의 흐름은, 우리에게 매우 중요한 사실을 암시해 준다.

그러나 이 땅에서 요즈음 '간화선' 바람을 만들어내려고 애를 쓰는 사람들을 보면 안쓰럽기만 하다. 혁명성을 상실한 선禪은 이미 선이 아니고, 불교도 아니다. 『금강경』에서 숱하게 자주 언급하듯이, "이름만 선이라고 붙이고 있고 그것으로 밥 먹고 사는 사람들이 계속 '나는 참선을 한다'고 우기는 것"이다.

세상 모든 현상이 변화, 진화한다. 생명체만 진화하는 것이 아니라, 언어와 종교 등도 시간과 공간이 바뀌면서 진화한다. 혹 시간과 공간이 바뀌는데도 "나는 변하지 않겠다"며 버틴다면, 그 언어와 종교는 더 이상 살아남을 수 없다. 그렇게 해서 이 세상에서 영원히 사라진 언어, 종교와 지식이 이루 헤아릴 수 없을 정도로 많다.

부처님 가르침인 불교 또한 시간이 흐르고 그 가르침이 전해진 공간이 바뀌면서 크게 변화해 왔다. 중국에서 선이 흥기하고 여러 갈래로 전개되다가 우리나라에 전해져 다시 한국 선으로 발전하는 것, 이 모두가 시간과 공간의 변화에 적응한 진화의 결과이다.

지금 한국 불교에서 강조하는 '간화선' 또한 그런 진화의 소산이다. 간화선이 생겨나서 주류 수행법이 되었던 역사적 배경이 있었던 것이다. 따라서 시대 상황이 바뀌고 수행 환경이 바뀌면 그에 따라 이 '간화선'도 변화의 대상이 될 수밖에 없는 것이다. 만약 그 변화를 거부하고 천 년 전 중국의 상황에서 나왔던 '간화선'만 붙들고 씨름을 하겠다고 우기다 보면, "변하지 않겠다"고 버티다 세상에서 아예 사라져 버린 언어나 종교들처럼 '선' 자체가 사라질지도 모른다.

"변화가 필요하다"는 뜻에서라면, 일부에서 '간화선의 위기'라고 하는 말은 이런 점에서 옳은 지적이다. 하지만 '위기'를 이야기하는 사람들이 그 '위기'의 본질을 제대로 이해하지 못하고 요란스럽게 캠페인을 펼치고 강좌를 열어 그것을 타개할 수 있다고 믿고 밀고 나가는 것은, 솔직히 말해 '위기의 타개책'이 아니라 '경사가 급한 비탈길에서 고장 난 수레를 밀어버리는 것'과 다를 바 없다.

'이데올로기ideology' 수준을 넘어 '도그마dogma'로 삼아, '간화선'을 '한국 불교의 유일무이한 수행법'으로 선전하고 급기야 '대중화하고 세계화'하겠다고 나서는 것은, 세상이 달라져 뒷간이 화장실로 바뀌고 '똥 막대기'와 '새끼줄'이 고급 화장지로 바뀐 흐름을 모른 체하면서 고급 주택 화장실에 여전히 '새끼줄'을 걸어 놓거나 '똥 막대기'를 놓아두는 것과 다를 바 없다.

3. 순진한 어린아이가 되어 마른 똥 막대기를 태워 없애라

안데르센의 동화『벌거숭이 임금님』마지막 장면에서는 '엉터리 지식'에 물들지 않고 세상의 이목耳目에 신경을 쓰지 않는 천진무구 天眞無垢한 어린이를 등장시켜 거짓을 폭로하고 진실을 밝힌다.
이것은 "도저히 무너져 내릴 것 같지 않아 보이는 거짓의 기반 이란 것이 실제로는 얼마나 취약하고, 그렇게 어려워 보이는 진실 말하기가 꺼풀하나만 벗어던지면 얼마나 간단할 수 있는 일인가"를 꼬집는 것이다.

이야기에서 임금의 첫 번째 명을 받고 옷의 제작 상황을 살피러 간 덕망 높은 신하는 몇 번이고 자신의 눈을 비비며 빈 베틀을 뚫어져라 살펴보고 실제로는 '옷이 없음'을 알지만, 마침내 자신이 "무능력한 사람으로 판명 날까봐" 두려워 거짓말을 하고 만다. 이어서 다음 신하, 그리고 임금까지도 거짓을 확대해서 재생산하는 과정에 참여하고 거짓은 이제 스스로 동력을 얻어 자신을 계속 정당화하고 증폭시켜가면서 모두가 '거짓을 진실로 착각하는 착시錯視 현상'이 벌어진다.

이제 거짓을 부정하는 사람은 '정신 나간 놈'으로 낙인찍히게 된다. 모든 이의 눈을 엄청난 무게의 꺼풀이 덮어 누르고 있는 것이다. 그 꺼풀은 이제 거꾸로 각자의 안전을 보장하는 안전판 구실까지 한다. 그 꺼풀을 쓰고 있으면 "임금님은 실제로 벌거숭이가 아니라 세상에서 가장 아름다운 옷을 입은 멋진 군주"로 보인다.

자, 혹 간화선 지상주의에 빠진 사람들과 그것을 세상에 강요하는 사람들이 '벌거숭이 임금님'과 그 추종자들은 아닌지 주변을 살펴보자. 혹 "이게 아닌데!" 하면서도, "그러면 당신은 조계종도가 아니란 말이냐?"는 질책이 두렵고, "수행을 제대로 하지 못했다"는 비난이 두려워 입을 꾹 다물고 있는 것은 아닌지 돌아보자.

자기를 보고 "당신 무능해!"라고 할까봐 겁이 나서 "멋진 옷!" 이라면서 거짓말을 해댔던 어른들은 이리저리 계산을 하느라 '바른 말', '진실'을 말하지 못하였다. 그러나 천진하여 때垢가 없는 어린아이는 "임금님은 벌거숭이"라고 말할 수 있었다. 그러니 『벌거숭이 임금님』에 나오는 순진무구한 이 어린아이가 '아직 번뇌에 물들지 않은 진짜 선사'다.

　동화 속의 임금이나 대신들과 다를 바 없는 자타칭自他稱 간화선사看話禪師들에게 "옷을 하나도 입지 않은 벌거숭이"라고 외치는 진짜 선사가 나와서 일대 혁명을 가져오지 않으면, 한국의 선과 한국 불교는 결코 살아남지 못한다. 다만 '선禪'으로 위장한 가짜 수행법, 말법末法'이 진짜인 양 큰소리치게 될 뿐이다.

　이제 '마른 똥 막대기'는 필요 없는 세상이다. 태워 없애버리든가, 밭에 파묻어 썩어 거름이 되게 하라.

　마른 나뭇잎은 떨어져 썩어 거름이 되고, 그 거름이 다시 뿌리를 살리고 새 나뭇잎을 틔워내야 한다. 이처럼 변화하여 새로운 기운을 만들어내는 것, 이것이 선禪이고 불교다.

어른을 잘 모시는 법

1.

전근대 왕조 시절에도 그랬지만 현대 민주주의 사회에서도 권력의 뒤에는 문제를 일으키고 정권을 위기로 몰아넣는 측근 비리가 있다. 일제의 강점에서 해방되어 대한민국을 건설한 뒤의 우리나라에서도 이승만 정권부터 현 정권에 이르기까지, 물론 정도의 차이는 있었지만 측근이 문제를 일으키지 않은 정권은 단 한 차례도 없었다. 그리고 이미 임기의 반에 가까워진 이명박 정권에서도 이런 문제가 발생하지 않으리라는 보장이 없다.

그런데 이런 측근의 문제는 꼭 막강한 정치권력을 가진 사람들 뒤에서만 일어나지 않고, 경제계나 문화 예술계에서도 종종 비슷한 일이 일어나기도 한다. 그뿐만이 아니다. 많은 사람들이 '성스럽고 고귀하다'고 여기는 종교계 수장首長들을 모시는 측근 중에서도 때로 아주 심각한 비리를 일으키거나, 그야말로 호랑이의 위세를 빌려 다른 짐승을 놀라게 하는 여우처럼 호가호위狐假虎威하며 자신의 입지를 강화하고 사적 이득을 얻는 이들이 있다.(십수 년 전에 조계종 총무원장 사서 중에서도 이런 사례가 있었고, 아주 가까운 최근까지도 총무원과는 직접 업무 관

2.

어른을 가장 가까이에서 모시는 사람이 100점을 받기가 정말 어려울 것이라고 실감하게 되는 것은 심지어 부처님을 모셨던 시자들 중에서도 별 사람이 다 있었기 때문이다. 부처님을 모시며 가사와 발우를 들어드리고 때에 맞추어 찬물과 더운물을 준비해 드리는 등 요즘 같으면 수행 비서 역할을 충실하게 한 안냐꼰단냐 (Anna-Kondanna, 驕陳如)와 뿐나(Punna, 富樓那) 비구 같은 이도 있었지만 그렇지 않은 이들도 여럿 있었다.

특히 시문에 탁월한 재능이 있고 학식이 많았던 수낙캇따 Sunakkhatta는 부처님께서 신통을 가르쳐 주시지도 않고 형이상학적인 질문을 했을 때에 아무 대답도 해주시지 않고 침묵하신다는 이유로, 개종한 뒤 거리를 돌아다니며 부처님을 비방하였다. "고따마는 인간의 경지를 뛰어넘지 못했고, 거룩한 수행자가 갖추어야 할 특출한 지견도 없다. 고따마는 논리적 추리와 말재주만 가졌을 뿐이다."

또 부처님께서 짤리까Calika에서 머무실 때 시자였던 메기야Meghiya는 시중드느라 수행할 시간이 부족하고, 그래서 자신의 수행이 진척되지 않는다고 생각하였다. 메기야는 한발이나 나온 입으로 부처님께 말씀드렸다. "부처님, 끼미깔라Kimikala 강변에 그늘이 짙은 망고 나무숲이 있습니다. 그 망고 나무숲에서 혼자 수행해 보고 싶습니다."

"메기야, 나 혼자 있구려. 다른 비구가 올 때까지 조금만 기다려 주시오." "부처님, 부처님께서는 이미 할 일을 마치셨지만 저는 아직 할 일이 많습니다."

그는 세 번이나 간청하였고, 결국 부처님도 허락해 주실 수밖에 없었다. 메기야는 '나도 부처님처럼 깨달음을 얻기 전에는 저 숲에서 나오지 않으리라' 맹세하고 망고 나무숲으로 들어섰지만 하루도 채 지나지 않아 초췌한 얼굴로 돌아왔다. 부처님은 그런 메기야를 탓하지 않으셨다.

사꺄족 왕자 출신인 나가사말라Nagasamala도 시자의 임무를 수행하며 오점을 남긴 비구였다. 꼬살라를 유행할 때, 부처님의 가사와 발우를 들고 뒤를 따르던 나가사말라는 갈림길이 나오자 부처님께 말씀드렸다. "부처님, 왼쪽 길로 가시지요." "나가사말라, 오른쪽 길로 가세."

나가사말라는 왼쪽 길로 가자고 세 번을 청하였고, 부처님은 세 번을 거절하셨다. 그러자 그는 부처님의 가사와 발우를 땅바닥에 내려놓고 자기가 원하던 왼쪽 길로 혼자 가버렸다. 얼마 후 헐레벌떡 돌아온 그의 몰골은 말이 아니었다. 찢어진 가사에 발우는 깨어지고 여기저기 상처투성이였다. 길에서 도적을 만났던 것이다.

3.

기원정사에 머물던 장로 80명이 어느 날 부처님께서 머무시는 향실로 모였다.

"어떤 비구는 나를 버려두고 가고, 어떤 비구는 발우와 가사를 땅바닥에 내려놓기도 한 일이 있소. 내 나이도 이제 적지 않으니, 항상 나를 따르며 시중을 들어줄 사람을 선출하는 것이 어떠하겠소?"

장로 사리뿟따가 자리에서 일어나 합장하였다. "세존이시여, 제가 시중을 들겠습니다."

"사리뿟따, 그만 멈추시오. 그대 또한 누군가의 보살핌이 필요한 나이가 아닌가요? 그대가 머무는 곳에선 법문하는 소리가 끊어지지 않는데, 그런 그대에게 이 일은 적당치 않소."

장로들이 차례차례 시자가 되길 청했지만 부처님께서 모두 거절하셨다. 마지막으로 아난다에게 차례가 돌아왔다. "그대는 왜 시자가 되길 청하지 않나요?"

부처님께서 물으셨지만 아난다는 침묵하다가, 부처님께서 세 차례나 물은 뒤에야 일어나 합장하고 말씀드렸다.

"부처님께서 보시 받은 옷을 제게 주지 않으신다면,
부처님 발우에 공양 받은 음식을 제게 주지 않으신다면,
부처님께서 거처하는 방에서 함께 지내자고 하지 않으신다면,
부처님께서 초대받은 자리에 저를 데려가지 않으신다면,

제가 초대받은 자리에 부처님께서 동행해 주신다면,

먼 곳에서 사람이 찾아왔을 때 언제든 데려오도록 허락하신다면,

제게 의심나는 것이 있을 때 언제든 질문하도록 허락하신다면,

제가 없는 자리에서 하신 법문을 제가 돌아왔을 때 다시 설해 주신다면,

그러면 부처님을 기쁜 마음으로 모시고 시중들겠습니다."

"아난다, 훌륭하구려. 그대의 뜻대로 하시오."

(대한불교 조계종 교육원 부처님의 생애 편찬위원회, 「부처님의 생애」, pp.312~315에서 수정하여 옮김)

4.

부처님을 모셨던 여러 시자들을 위에서부터 아래까지 줄을 세워보자.

① 부처님을 가장 오랫동안 그리고 가장 정성스럽게 모셨던 아난다 존자
② 교단 초기에 부처님을 잘 모셨던 안냐꼰단냐와 뿐나
③ "나도 깨달음을 구해야겠다"며 부처님을 버리고 혼자 망고 나무 숲으로 들어갔던 메기야
④ 제 고집을 부리느라 부처님 발우와 가사를 땅바닥에 팽개치고 떠났던 나가사말라
⑤ 부처님 가르침을 버리고 다른 곳으로 개종한 뒤 부처님을 비

방하고 다닌 수낙캇따

이 순서로 정리를 해보면 맞을 것 같다.

그러나 메기야와 나가사말라에게서는 그래도 순진한 구석이 보인다. 어린 자식이 부모님께 어리광을 부리듯, 부처님께 떼를 쓰며 매달리다가 삐쳐서 '쌩!'하고 달아났다가는 다시 돌아와 용서를 구하는 귀여움이 보인다. 이들에게서 부처님을 해치거나 교단을 무너뜨리는 언행은 보이지 않는다.

이 중에서 굳이 가장 나쁜 시자의 예를 들자면 아마 부처님 가르침을 버리고 개종한 뒤 부처님을 비방하고 다닌 수낙캇따를 말할 수 있을 테지만, 이 사람도 '최악最惡이거나 죽어서 지옥에 가게 될 사람'이라고까지 하기는 곤란하다. 이미 교단 밖으로 떠나갔기에 그가 어떤 문제를 일으키든 승가 공동체에 피해를 주지는 않기 때문이다.

정말 '최악'의 경우는 앞에서 든 예에 나오지는 않았지만, 부처님 가까이에서 얼핏 겉으로 드러난 모습만으로는 부처님을 잘 모시는 것처럼 보이고 항상 부처님을 걱정하는 척 하면서, 부처님의 명예를 팔아 자신의 이익을 구하고 부처님께는 불명예를 안겨드리는 사람이다. 이런 사람일수록 "제가 좋은 거처를 마련해 드리겠습니다"며 호화 암자를 지어드리고, 부처님을 대신해 권력층이나 부호들에 얼굴을 내밀며 자기 몸값과 글 값을 높인다.

물론 부처님 당시에야 이런 속임수를 쓰는 시자나 측근을 다 알아채셨을 터이니 이런 부류의 인간이 가까이 다가올 수 없었겠지만, 요즈음은 세상이 혼탁해져서 어른들이 그 정도까지 혜안慧眼을 갖추기는 어렵다. 그래서 옆 사람들이 잘 살펴보고 어른에게 바르게 말씀을 드려야 한다.

현재 불교계 각 종단의 종정·총림 방장이나 총무원장을 가까이에서 모시는 예경실장·사서실장·수행 사서·시자 등 다른 사람들에게서 '측근'이라는 평을 듣는 인사들은 위에 나오는 아난다 존자와 같은 마음을 갖고 그 자리를 맡게 되었는지 잘 살펴야 할 것이다.

그리고 과거에도 그랬고 앞으로도 혹 "내 이익을 위해서 이 소임을 맡지 않았는지, 어른을 모시고 있다는 점을 내세워 내 이익을 추구하지 않는지, 어른의 권위를 빙자해 다른 사람들의 일에 부당하게 간섭하지 않는지?" 끊임없이 자신의 언행을 조심 또 조심해야 한다. 그렇지 않고 호가호위를 계속하다가는 본인이 크게 낭패를 당할 뿐 아니라, 모시는 어른이 그 동안 쌓아온 명예가 무너지고 대중들에게 존경을 받아오던 높은 자리에서 추락하는 일까지 일어날 것이다.

어른이 명예롭게 천수天壽를 누리고 승가 대중과 신도, 사회 대중의 존경을 받는 일은 어른을 가장 가까이에서 모시는 예경실장·사서실장과 측근 인사들에게 달려 있음을 명심해야 한다. 지금은 최소한 최악의 시자와 측근의 발호만은 막아야 하는 절박한 상황이다.

한국 승가의
기초가 무너지고 있다

1. 병든 비구의 몸을 씻겨주신 부처님

부처님께서 살아계시며 직접 가르침을 펼치시던 때에도, 다른 스님들에게 도움이 되지 않는다고 해서 이질에 걸려 설사를 하며 자신의 분비물에 드러누워 고통스럽게 누워있는 도반을 돌보지 않아 부처님이 손수 그 비구의 몸을 씻겨 주는 이야기(『마하박가』 8:26)가 나온다. 어려운 사람을 보고 연민의 마음(悲心)을 가지는 것이 쉽지 않은 모양이다.

아마 맹자(孟子)님께서 "사람이라면 모름지기 측은지심(惻隱之心)을 가져야 한다"고 강조하신 것도, 그것이 인간 세상에 꼭 필요한데도 놓치는 사람들이 많기 때문이었는지도 모른다.

아난다 존자에게 말씀하셔서 다른 스님들을 불러다 그들에게 그 병든 도반을 돌보도록 하셔도 되었을 터인데, 부처님께서 왜 굳이 직접 몸을 씻기고 침상으로 들어다 눕혀주셨을까? 혹, 이와 같은 상황을 방치했다가는 승가 공동체가 무너질 수도 있다는 우려를 하시지는 않았을까?

"나를 돌보려는 이는 병든 사람을 돌보아 주라"는 부처님의 말씀은, "병들고 지친 이들이 바로 부처"라는 선언이었고, 이 선언에 앞서 전체 승가에 그 가르침을 실천해 보이신 것이다.

2,500년이 넘는 세월 동안 부처님 제자들의 모임인 승가 공동체가 지속, 발전될 수 있었던 것은 도반들끼리 서로를 부처님처럼 돌보아왔기 때문이다. 만약 승가 공동체 내에서 이와 같은 보살핌이 없었다면, 이교도의 박해, 침탈이나 법난法亂이 아니라 부처님 열반 후 얼마 못가서 스스로 무너져 내렸을 것이다.

2. 승가 공동체가 무너져 내린다

이처럼 서로 보살펴주는 마음이 가득했던 승가 공동체에 어느 때인가부터 균열이 생기기 시작했다.

이 안에서도 권력과 돈이 없으면 도반이 아무리 어려운 상황에 처한 것을 보고서도 짐짓 모른 체하는 분위기가 생겨났다. 처음에는 일부에서만 이런 일이 있었지만, 마치 "악화惡貨가 양화良貨를 밀어낸다"는 경제학의 오래된 원리처럼 아름답던 승가 공동체를 피폐하게 만들어갔다.

물론 아직까지는 이 사회의 다른 분야에 비해, 한국 승가 공동체는 깨끗하고 아름답다. 서로 보살피고 너그럽게 아껴주는 마음이 넘쳐나는 곳이기도 하다. 그러나 이곳에서도 기초가 무너져 내리는 소리가 커져가는 징후가 보여서 안타깝다.

　설사 고급 외제차를 타든, 매일 골프를 즐기든, 호화 해외여행을 다니든, 호화 술집에서 30년산 고급 양주를 밤새워 마시든, 도박을 하든, 숨겨놓은 가족이 있든, 주지 자리를 돈으로 사고팔든, 이처럼 우리가 이제까지 '잘못된 승가 풍토'의 예로 들었던 모든 일들은 어찌 보면 그 무게가 덜할지도 모른다는 생각까지 든다.

　남도 아니고 같은 은사 스님을 모시고 살았던 사형이 주지로 있는 절에서 '마음에 들지 않는다'고 해서 한겨울에 전기를 차단하고 결국 사제를 죽음으로 몰고 가는 이 상황은 한국 승가 공동체의 바탕이 무너져 내리는 '지진(地震)'의 단초일지도 모른다. 더욱 안타까운 일은, 이와 같은 사태가 벌어져도 승가 내에서 자성(自省)·참회(懺悔)하고 변화를 요구하거나 스스로 '변화하겠다'고 선언하는 운동이 하나도 없다는 것이다. 그저 "노숙자 한 사람이 강추위에 동사하였다"는 TV 뉴스를 덤덤하게 받아들이는 세속의 분위기처럼 '남의 일'로 바라보고 있는 것만 같다.

　만약 이런 분위기가 일반화된다면, 우리 승가 공동체는 기초가 완전히 무너질 것이다. 기초가 무너진 집이 온전히 서 있을 수 없듯이, 승가의 존재 자체가 사라질 수도 있다. 승가 없는 불교는 있을 수 없다.

승가 공동체가 무너져 내리는 지진파를 느꼈으면, 이에 대한 대비를 해야 한다.

3. 토붕와해土崩瓦解를 막아야 한다

우리에게는 고조선을 멸한 나쁜 임금이기도 한 중국中國 한漢나라의 무제武帝는 주변 이민족과 계속 전쟁을 일으키고 국내적으로도 폭정을 일삼았던 인물이다.

어느 날 서락徐樂이라는 인물이 감히 무제에게 간언을 드렸는데, 그 요지는 "국가의 가장 큰 근심거리는 토붕土崩에 있습니다. 토붕이란 백성들이 폭정의 고통을 감당할 수 없게 되어 마침내 무리를 지어 반항함으로써 비롯되는 것입니다. 이에 비하여 와해瓦解란 정권의 내부에서 일어나는 권력 다툼입니다. 토붕은 기존의 정권을 뒤엎어서 새로운 정권을 세우는 것이지만, 와해는 단지 인사 교체를 조성하는 일일뿐입니다."

간단히 말해서 황제에게, "반란이 일어나 나라가 무너지는 상황이 발생하지 않도록 주의하라"는 간언이었던 것이다.

이 내용은 2,000년 전의 역사가 사마천司馬遷의 명저 『사기』史記 「주부언열전」主父偃列傳에 나오는 것으로, 기반이 무너져 더 이상 회생불능回生不能의 사태에 이르는 것을 비유할 때에 자주 쓰이고 있다.

우리 집안의 일에 돌아가자. 주지 자리를 사고팔거나 호화 골프 여행을 하는 등등의 일들은 '기와가 깨어지는' 와해에 비유할 수 있다면 지난 12월 29일(2006년) 부산의 어느 사찰에서 일어난 일은 '주춧돌이 무너져 내리는' 토붕의 신호임에 틀림없다.

기와가 깨진 것을 제때 갈아 끼워주지 않으면 서까래부터 시작해서 대들보와 기둥이 썩어가고 결국 집이 무너지고 말 것이다. 그러나 이 경우에는 시간이 있다. 눈 밝은 사람이 깨진 기와를 발견하고 제때에 갈아 끼우면 되는 것이고, 혹 그 시기를 놓쳤다면 서까래 몇 개가 썩었을 때에라도 손을 쓰면 집을 보전할 수 있기 때문이다.

그러나 기초가 무너지면, 제 아무리 기와가 완벽하고 서까래·대들보와 기둥이 튼튼해도 그 집은 바로 무너지게 될 것이다.

거룩한 공경의 대상인 승가, 그곳에서 이처럼 토붕의 징후가 보이는데도 모른 체 해야 할까? "집안의 일을 밖으로 알게 하는 것은 훼불 행위, 이교도를 돕는 행위"라면서 덮어두는 것이 능사일까?

지금 한국 불교계에 가장 시급한 일은, 승가 공동체가 튼튼하게 자리를 잡는 일이다. 이것은 특정 종단에만 해당되는 것이 아니고, 스님들에게만 맡겨진 의무가 아니다. "스님들의 일은 그분들께서 알아서 하시게 맡겨야 한다"는 주장도 일면 옳지만, 그렇게 해서 될 일이 아니다.

공동체 정신이 사라진 승가가 살아남을 수 없으며, 승가가 존재하지 않는 불교는 더 이상 살아남기 어렵다.

　여러분, 여러분 귀에는 승가 공동체가 무너지는 저 굉음轟音이 들리지 않는가?

'○○됨'과 '○○다움'

최소 하루에 한 번 예불을 드리고
동료들과 의리만 있어도……

1. '자식 됨'과 '자식 다움'

우리가 이 세상에 사람으로 태어나는 것, 그것도 현재 부모님의 자식으로 태어난 것은 여간 지중한 인연이 아니다.

부처님께서도 "임신이 이루어지는 것은 첫째, 어머니의 배란이 이루어지고, 둘째 그 주기에 맞추어 부모님의 결합이 이루어지고, 셋째 두 사람을 부모로 해서 인간세계에 태어날 인연 있는 (대기)자가 있어야 한다"고 하신 적이 있다.

이런 지중한 인연으로 어머님의 태胎 속에서 열 달 동안 보호받다가 세상에 나오면 우리는 누군가의 자식이 된다. 서양식 사고로 바뀌어버린 요즈음에는 이 순간을 '자식 됨'의 시점으로 여기지만, 부모님과의 인연을 소중하게 여겨온 전통적 사고에서 보면 입태入胎의 순간을 '자식 됨'의 시점으로 보아 왔다. 그러나 세속법의 관점에서는 관공서에 가서 출생신고를 한 날이 '자식 됨'의 시점일지도 모른다.

그러나 우리가 누군가의 자식이 되었다고 해서 모두 '자식다운 자식'이 되는 것은 아니다. 최소한의 필요조건을 충족해야 '누구누구의 아들, 딸다울 수' 있다.

부처님께서는 '자식다움'의 다섯 가지 필요조건을 말씀하셨다.

"첫째, 부족한 것이 없게 부모님을 받들어 모시고,
둘째, 해야 할 일이 있을 때 먼저 부모님께 말씀을 드리며,
셋째, 부모님께서 하시는 일에 순종하여 그 뜻을 거스르지 않고,
넷째, 부모님께서 해주시는 바른 말씀을 어기지 않으며
다섯째, 부모님께서 해오신 바른 업을 끊어지지 않게 하는 것이오."(『싱갈로바다 숫타』 *Singalovada Sutta*・『선생경』 善生經・『육방예경』 六方禮經)

시대가 바뀌었다고 해도, 마지막 다섯 번째 조건을 빼고는 '자식다움'의 조건이 크게 바뀌지는 않을 것이다.

생각해보면, 내 자신이 아버지, 어머니의 자식으로 태어나 보살핌을 받아왔지만 "내가 과연 그분들의 자식답게 살아왔는지?" 자신이 없다. 부모님께서는 물론 '자식다움'에 대한 기준을 아주 낮게 잡아놓으셨을 터이니 변함없이 '귀한 우리 아들'이라고 여기시지만, 그럴수록 더욱 더 죄스러운 마음이 커져간다.

2. '학생 됨'과 '학생다움'

특정 계층에게만 교육의 기회가 주어졌던 옛날과 달리 이제는 거의 모든 국민이 학교에 가서 학생이 된다. 배정을 받았든, 추첨을 거쳤든, 아니면 입학시험을 통과했든 학교에 입학하는 날이 '학생 됨'의 시점이다.

그러나 입학을 해서 학적부가 작성되고, 학생증을 발급받고, 교복을 입고 가방을 메고 학교에 다닌다고 해서 모두 '학생다운 학생'이 되는 것은 아니다.

'학생다움'의 최소한 조건을 갖추어야만 하는 것이다.

부처님께서도 『싱갈로바다 숫타』에서 '제자가 스승에게 해야 할 다섯 가지 사항'에 대해 말씀하신 적이 있지만, '학생다움'에는 선생님에 대한 것뿐만 아니라 동료 학생들이나 지역 주민에 대한 기본적인 조건도 있다.

나는 초등학교 이래로 훌륭한 선생님들을 많이 만났다. 이 세상에서 받은 많은 복 중에서도 으뜸가는 복이었다고 믿고 있다. 돌이켜보면 나는 그분들에게 그리 좋은 학생이 아니었다. 그러나 부모님들과 마찬가지로, 나를 가르치셨던 스승님들은 변함없이 나를 "내 아끼는 제자!"라고 자랑하신다. 내 부모님과 마찬가지로 스승님들도 '제자다움'의 기준을 낮추셨기 때문이라고 믿는다.

3. '남편·아내($夫婦$) 됨'과 '남편·아내다움'

중매를 통했든 아니면 열렬한 연애를 거쳤든, 성($性$)과 성($姓$)이 다른 사람과 만나 결혼식을 올리면 부부가 된다. '남편·아내 됨'의 시점이다. 법률적으로는 혼인신고를 마쳐야 이 조건이 충족될 것이다.

그러나 '남편·아내 됨'과 '남편·아내다움'에도 큰 간격이 있다.

『싱갈로바다 숫타』에는 부처님께서 싱갈라에게 말씀해 주신 '남편과 아내가 서로에게 갖추어야 할 다섯 가지 조건'이 나온다.

"남편은
첫째, 아내를 예의로써 대하고
둘째, 스스로 위엄을 지키며
셋째, 의식주를 해결해 주고
넷째, 때때로 장식품과 화장품을 사주며
다섯 째, 집안일을 모두 맡겨야 하오.

아내는
첫째, 아침에 남편보다 먼저 일어나고
둘째, 남편보다 나중에 잠자리에 들며
셋째, 부드럽게 말을 하고
넷째, 남편을 공경하고 순종하며

다섯째, 남편이 원하는 바를 먼저 알아 받들어야 하오."

그러나 나는 이 점에 있어서도 그리 좋은 남편이 되지 못했다. 생활을 풍족하게 해주지도 못했고, 때때로 멋을 내주지도 못하였으며, 스스로 위엄을 세우지도 못하다가 서로 힘든 세월을 겪게 되었다.

아마 아내 쪽에서 느끼는 '남편 됨'과 '남편다움' 사이의 거리는 그야말로 구만리九萬里도 넘고, 그 틈새는 태평양 심해深海보다 더 깊을지도 모른다.

4. '부모 됨'과 '부모다움'

부부 사이에 아이가 태어나면 부모가 된다. 그러나 다른 어느 의무나 책임보다 어렵고 무거운 것이 '부모다운 부모'가 되는 일이다.

부처님께서는 부모가 자식에게 갖추어야 할 다섯 가지 덕목을 말씀하셨다.

"첫째, 자식을 잘 제어하여, 나쁜 일을 행하지 않도록 하고
둘째, 가르치고 일러주어 스스로 착한 모범을 보여주며
셋째, 뼛속까지 스며들 정도로 자식을 사랑하고
넷째, 나이가 찬 자식을 위해 좋은 짝을 구해주며

다섯째, 때에 맞추어 생활에 필요한 것들을 대어주어야 하오."(싱갈로바다 숫타)

다행히 아이들 둘이 바르게 자라서, 내가 제 역할을 해준 것이 없는데도 착하게 살고 있다. 내가 가르치고 일러주지 못하고 모범을 보여주지 못하였을 뿐만 아니라 때에 맞추어 생활비와 학비를 도와주지 못하는데도, 어긋나지 않고 올바른 젊은이로 살아가고 있다.

그렇기 때문에 나는 더욱 내가 '아비다운 아비' 노릇을 하지 못한 데 대해 미안하고 가슴이 아프다. 부처님께서 가르쳐주신 '부모다움'의 덕목 다섯 가지 중 아마 '뼛속까지 스며들 정도로 내 아이들을 사랑한다'는 것을 빼고는 내가 아이들에게 제대로 한 일이 없다.

'부모 됨'과 '부모다움'의 간격이 이처럼 커서야 하겠는가?

5. '교사 됨'과 '스승다움'

교육대학·사범대학에서 전공과목과 교직과목을 이수하고 정해진 시험을 통과하면 교사 자격증을 받게 된다. 그러나 운전면허증을 받았다고 해서 모두 훌륭한 운전사가 될 수 없듯이, 교사 자격증을 받았다고 해서 '선생님'이 될 수 있는 것은 아니다.

임용 절차를 거쳐 처음으로 학교에 부임하는 날이 '교사 됨'의 시점이다. 그러나 직업으로서의 '교사'가 되는 것과 진정한 선생님, 스승이 되는 것도 차이가 크다. '교사 됨'과 '스승다움'의 간격도 매우 넓고 깊을 수 있다. 이 간격이 없다면, 우리 사회는 희망이 가득 찬 곳이 되겠지만 그렇지 않을 경우 절망할 가능성만 높아질 것이다.

훌륭한 스승이 되려면
"첫째, 진리 법에 따라 제자를 대하고
둘째, 제자가 듣지 못한 것을 가르쳐 주며
셋째, 제자가 묻는 것을 잘 알게 해주며
넷째, 착한 벗(善友)을 맺도록 도와주고
다섯째, 자신이 아는 것을 아끼지 말고 다 가르쳐 주어야 하오."

『싱갈라바다 숫타』에 나오는 부처님 가르침이다.

세상이 변하였기 때문에, 이제는 여기에 '좋은 직장을 잡을 수 있도록 도와주라', '졸업 이후에도 올바른 길로 갈 수 있게 살펴주고, 제자에게 어려운 일이 있으면 가장 가까운 상담자·조언자가 되어야 한다'는 조건을 덧붙여야 할지도 모른다.

안정된 직업으로서의 '교사'가 아니라 '진정한 스승'이 되는 길 또한 갈수록 더 힘이 들어질 전망이다. 그래도, '직업 선호도 조사'에서 젊은이들이 '교사'를 첫 번째로 꼽는다고 하는 소식이고 보면 우리 민족의 장래에 대해 희망을 가져도 되는 것일까?

7. '스님 됨'과 '스님다움'

출가의 뜻을 품고 편안한 세속 생활을 떠나 수행자의 길로 들어서서, 고된 행자 생활을 마치고 사미·사미니가 되어 또 다시 기본 교육기관에서 힘들고도 힘든 공부를 마치고 구족계를 받으면 '스님'이 된다.

종단에 따라서는 스님이 되는 절차가 훨씬 간단하기도 하고, 아예 절차라고 할 것조차 없는 곳도 있으니 일반 대중들은 머리 깎고 승복을 입기만 하면 스님이라고 여긴다. 그래서 나이 드신 신도들 중에서는 조계사 앞이나 인사동 입구에서 삭발하고 누더기 승복을 걸치고 있는 이에게도 공손하게 인사를 올리는 이들이 꽤 많다.

그렇다고 승복을 입은 사람만 보면 공손하게 인사를 드리는 이분들을 탓할 수도 없다. '삭발염의자削髮染衣者'는 모두 '스님다운 스님'들이라는 등식이 성립할 수만 있다면 가장 이상적일 것이다.

'스님다운 스님'이 되는 조건은 여간 까다롭지 않다. 한국 불교계에서도 최소한 250가지가 넘는 기본 조건인 계율 덕목을 지켜야 한다. 그러나 이 조건들을 현실에서 그리 중요하게 여기지 않는다는 데에 한국 불교의 비극이 있다. 자타칭自他稱 율사라고 하는 분들조차도 수백 가지에 이르는 이 계율 덕목을 "꼭 지켜야 승려이다"라고 자신 있게 주장할 수 있는 분들은 거의 없을 것이다.

실은, 부처님을 대신해 불법을 전하고 중생을 제도하는 막중대사莫重大事를 책임지고 있어서, 인천人天의 사표師表로 존경받고 예경의 대상이 되어야 할 '스님'이 되는 것은 이 세상 그 어느 일보다도 힘든 일이다. '자식다운 자식', '부모다운 부모'나 '대통령다운 대통령'되기보다 훨씬 어려운 일일 것이다. 그렇기 때문에 70~80살이 넘은 신도들이 나이 어린 사미나 사미니를 보고서도 공손하게 절을 드리는 것이다.

15년 전까지만 해도 나는 '술 마시고 고기 먹는 사람들'을 보면 설사 머리를 깎고 회색 승복을 입었다고 해도 '스님'으로 보려고 하지 않았다. 그런 나도 세월이 흐르면서 바뀌어 "음식인데 어때"하는 식으로 기준을 낮추게 되었다.

그렇게 기준이 자꾸자꾸 낮아져 얼마 전까지는 "자비심과 염치가 있어서 그야말로 무자비無慈悲하지 않고 파렴치破廉恥하지 않으면 …… 하루 세 차례 예불禮佛을 드리고 신도들에게 함부로 대하지만 않으면 ……, 그러면 스님이지!"로 스님을 판단하는 기준이 바뀌었다.

그런데 최근에는 "기준을 그렇게 잡고 있으면 이 땅에 스님이라고 할 분들이 과연 몇 %나 될까?"하는 불안감이 생겼다. 그래서 얼마 전에는 몇몇 벗들과 이야기를 나누다 모두가 이구동성으로 "참선 수행 안 하고, 무자비하고 파렴치해도 좋아요. 최소한 하루

한 번만이라도 예불을 올리고 승가 공동체의 동료들과 의리만 있어도 스님이다"고 결론을 내렸다.

이렇게 '스님'을 바라보는 기준을 낮추고 나니, 더 이상 "왜 이러는가?"하고 고민할 필요가 없기 때문에 한편으로는 편하다.

하지만 편해질 줄 알았던 내 마음이 오히려 무겁다. 답답하다.

"최소한 하루 한 번 예불만이라도 하면 좋겠다!", 이것이 신도가 스님을 잘 모시는 유일한 길인가?

해인사 천도재

1.

태양의 흐름을 기준으로 하는 태양력(陽曆)과 달의 움직임을 기준으로 하는 태음력(陰曆) 사이에서 생기는 문제점을 해결하기 위해 사람들은 옛날부터 윤달을 두어왔다. 그러니 음력에서 매 3년마다 돌아가며 윤달을 두는 것은 순전히 역법(曆法)의 기술상 문제일 뿐이지, 그것이 인생에 어떤 특별한 영향을 주지는 않는다.

다만 "다른 해에는 없었던 달이니, 그것을 덤으로 여기고 윤달이면 다른 해보다도 좋은 일을 더 많이 하면 좋겠다"는 뜻에서 한국 불교에서는 생전예수재(生前預修齋)도 지내고 세속에서는 부모님들의 수의를 짓거나 묘소를 이장하는 일 등을 해왔을 뿐이다.

그런데 몇 해 전부터 이 윤달이 한국 사찰의 재정 구조에 아주 좋은 재료가 되고 있다.

"윤달을 맞아 다른 해보다 좋은 일을 더 많이 하자"가 아니라, 생전예수재라는 명목을 내걸고 "전생의 업장을 소멸하고 내생의 극락왕생을 기원하라"면서 구체적으로 제사 동참 액수를 정하는 것이 관례가 되었기 때문이다.

처음에는 특정 사찰에서 시작된 이 생전예수재 '붐boom'이 이제 전국 사찰로 퍼져나가고 있어, 경제 위기를 맞아 가뜩이나 어려운 불자들의 살림을 힘들게 하고 있다. 거기다가 이제는 단 한 번에 끝나는 것이 아니라 3년을 두고 천도법회를 지내는 기상천외奇想天外한 기법까지 개발(?)되었다. 그것도 스스로 한국 불교의 중심을 자처하는 해인사에서 말이다.

다음은 해인사 홈페이지에 올라 있는 안내 게시문이다.

"한국 최고의 수행 도량이며 팔만대장경을 모시고 있는 법보종찰 해인사에서는 신도님들의 원력과 성원에 힘입어 윤 5월을 맞아 생전예수재와 함께 하는 제4차 1029일 천도법회 (2009년 6월 22일~2012년 4월 16일)를 봉행합니다.

지난 9년간 세 차례에 걸쳐 봉행된 천도법회의 깊은 공덕을 현실로 돌려 오늘을 살아가는 불자님들 모두의 가족에게 해인사의 생전예수재는 전생 업장 소멸과 내생의 극락왕생을 함께 발원하는 축원대법회로, 기도 원력이 크신 종단 큰 스님을 모시고 좋은 법문과 함께 전생 인연에 대한 이해와 참회, 그리고 현생에서 지을 수 있는 복덕의 기회를 함께 찾아가는 좋은 시간이 될 것입니다."

위 안내문을 보면 쉽게 알 수 있듯이, 해인사는 "불교 역사상 가장 완벽하다"는 평을 받고 있는 '고려팔만대장경'을 모시고 있는 곳이다. 그래서 이른바 법보종찰法寶宗刹이라는 거룩한 이름을 받고 있으며, 이 대장경의 가치를 인정한 유네스코에서도 '세계문화유산'으로 지정하여 특별한 신경을 쓰는 곳이기도 하다.

해인사는 또한 통합 종단 출범 이후 고암·성철·혜암·법전 스님 등 조계종 종정을 여러 분 배출하여, 선禪을 종지로 하는 대한불교조계종에서 으뜸가는 도량이며 스스로 '한국 최고의 수행 도량'을 자처하기도 한다.

이런 해인사에서 윤달을 핑계로 전생의 업장 소멸과 내생의 극락왕생을 무기(?)로 신도들에게 두려움을 조성하고 있으니 답답하다. 여기서 '한국 불교 최고의 수행 도량'과 '법보종찰 해인사'의 향기를 느낄 수 있는 사람이 있을까?

2.
그런데 해인사를 바라보는 답답함은 여기서 끝나지 않는다. 요즈음 해인사에서는 60갑자甲子의 간지干支에 따라 '전생에 진 빚'의 양을 정하고 그 빚의 양에 따라 업장 소멸의 값을 매기고 있다. 그리고 그 내용을 커다란 게시판에 붙여 신도들과 관광객들에게 보여주며 기도 동참을 권유한다. 기상천외한 아이디어에, 놀라지 않을 수 없다.

여기서 백 번을 양보해서, 우리 모두 전생에 큰 죄를 짓고 그래서 이번 생에 갚아야 할 빚이 있다고 치자. 사람마다 숱한 전생 동안 지어온 업^(행위)이 각기 다 다를 터인데, 그것을 "갑자년에 태어난 사람은 그 죗값이 ○○만 원, 을미년에 태어난 사람은 ○○만 원"이라는 식으로 판단하고 공개할 수 있는가? 죄의 양과 그것을 갚는 데 내야 할 값을 매기는 일은 누가 했는가? 해인사 주지인가, 아니면 외부의 무당이나 사주쟁이에게 의뢰한 것인가, 그도 아니면 컴퓨터 점에서 알려주던가?

여기서 또 백 보를 양보해서 그렇게 간지에 따라 정해주는 죄의 양과 그것을 소멸하기 위해 갚아야 할 돈 액수가 정확하다고 치자. 그렇다고 해도, "그 돈을 누가 받아야 하는지?", 그것은 누가 결정하는가? 해인사 주지인가, 해인총림 방장인가? 아니면 제3의 인물이 있는가?

그럼 여기서 또 백보를 양보해서 그 죗값을 해인사에서 받을 자격과 권리가 있다고 치자. 그렇게 죄의 값을 치룬 사람은 정말 모든 업장이 소멸되는가? 그것을 확인해 줄 수 있는가? '복역^{服役}증명서'나 '병역필^畢증명서'와 같은 '전생업장소멸증명서'를 떼어 줄 수 있는가? 아니면 혹 마치 세속 법원의 유죄 판결을 받은 사람이 법에서 정한 복역 기간을 살고 난 뒤에도 '전과자' 꼬리가 붙어 정상적인 사회생활을 할 수 없고, 가족들까지도 이웃의 손가락질을 받으며 살아가야 하듯이, 여러 해에 걸쳐 천도재를 수십 번 지내도 업장 소멸이 완벽하게 이루어지지 않고 계속해서 돈을 더 내고 다시 또 천도재를 지내야 하는 것은 아닌가?

도대체 이것이 '한국 최고의 수행 도량'이자 '법보종찰'이며 현

^(2009년) 조계종 종정이 주석하고 있는 해인사에서 일어날 수 있는 일인가? 다른 작은 사찰에서 이런 일이 일어나도 "그것은 부처님의 바른 법이 아니다"며 말리고 나서야 할 곳이거늘, 남보다 앞장서서 이런 비^非불교적인 행위를 펼치고 있다니 말이 되는가?

3.

이미 80여 년이 지난 1927년 당시 월간 「불교」지에 박승주^{朴勝周}라는 사람이 이와 비슷한 행위를 날카롭게 비판하는 글을 이렇게 올린 적이 있다.

…… 재 공양^(齋供: 부처님 전 공양) 의식^{儀式}이란 것은 오늘날 조선 사찰에서 거행되는 일종의 예식입니다. 그런데 그 예식의 절차가 하나도 법다운 것이 없으며 또 예식을 집행하는 행동이 심히 난잡 비루^{鄙陋}하여 조금이라도 양심을 가진 사람으로서는 차마 눈으로 볼 수 없는 예식입니다. 말하자면 무당의 푸닥거리나 도깨비 연극이라 하였으면 썩 적합할 듯합니다. 만일 감응하는 신령^(靈)이 있다면 그 영은 삿된 신령^(邪靈)이오 올바른 신령^(正靈)이 되지 못할 것입니다. 올바른 신령일 것 같으면 이 따위 꼴을 보고 1,000리~10,000리나 달아날 것입니다. 필자의 추측 같아서는 이 따위 난잡한 의식이 시행되기는 이로부터 약 200년 전인 듯합니다.

그 전부터 시작되었던 정치적 압박이 날로 더욱 심해져서 사찰 재산을 탈취한다, 사찰 소유 노비^(寺奴)를 금지한다 하여 별별 수단으로 사원의 생활을 불안케 함에 명문거족이

아니면 감히 '중' 될 생각도 내지 못하던 (고려시대의) 시대사
조가 돌변하여, 소위 사대부·양반 부류는 사원의 문전에
그림자도 보지 못하게 됨에 자연 아무것도 모르는 평민(常人)
의 자식들이 집단이 되어 입에는 배불리 먹을 수 없고 몸에
는 따뜻하게 입을 수 없는 이유 때문에 별별 계책으로 세력
가(勢豪)의 문전에 아첨을 부리고 어리석은 부인네(愚婦)의 가
정에 꼬리를 쳐서 요행으로 돈푼이나 얻고 쌀되나 얻을 것
같으면 시주자의 환심을 사기 위하여 전자와 같은 난잡한
의식으로 '축원을 올린다,' '화청(和請)을 친다'하여 될 수 있는
대로 시주자의 돈과 식량을 얻어내려는 흉계였습니다.(전부 그
렇다는 것은 아닙니다.) 진정으로 시주자를 위하여 복을 빌어준 의
식은 적었습니다.

이것은 현재 시주자가 많은 곳(施處)에서 집행되는 의식을 보
아도 알 것입니다. 원래 재공 의식이란 시주자의 복을 지어
주는 동시에 시주를 받는 사람도 또한 복을 지어 시주자·
받는 사람이 다 같이 선근을 심는 것(同種善根)이 근본 목적이
었습니다. 그러나 오늘날 유행되는 의식 같아서는 선근을
지음은 그만두고 도리어 뜻하지 아니한 죄만 지을까 염려
입니다. …… 어떠한 동기에 연유하든 시주자의 근본 희망
은 복을 지으려는 것이었는데, 만일 복이 변하여 죄가 된다
하면 세상에 이렇게도 불행한 일이 어디 있으리까? 이 따위
의식은 하루바삐 없애지 않으면 안 될 것입니다.

개인적으로 사회적으로 모두 개량을 요구하는 이때에 그
보기 흉한 난잡한 의식을 그대로 두고 있을 수 있으리까?
같은 편(同色)인 필자의 안목에 이렇듯 보기가 흉하거늘 객관

적 제3자의 안목으로 볼 때에 그 얼마나 창피하리까?

시대가 요구하는 것도 어떠한 경우에 따라 혹 파괴도 하고 혹 혁신도 하거늘 하물며 시대가 요구하지 않는, 만인이면 만인이 모두 배척 공격을 하는 이 따위 도깨비 노름쯤이야 없애지 않고 될 수 있으리까? 그러나 필자가 없애고자 주장하는 것은 징(鉦)·바라(鈸鑼)·장구(長鼓) 등 난잡한 기구와 더러운 무당식 행동뿐이오 범음(梵音)은 절대로 반대치 않으렵니다. 범음은 신성한 음악입니다. 대저 종교와 음악은 서로 떠나지 못할 밀접한 관계를 가진 것입니다. 만일 종교가 인생을 자연계에 조화시키는 능력을 가졌다 하면 물론 음악도 그에 대한 1분의 능력을 가졌을 것입니다. 그러므로 종교와 음악은 서로 떠나지 못한다는 것입니다. 정중한 태도를 가지고 신성한 범음 소리로 재 공양 의식을 거행한다 하면 그 얼마나 장엄하겠습니까? 불교의 전성기이던 신라·고려시대에도 재 공양 의식이 있었습니다.

그때의 재 공양 의식은 오늘날과 같은 도깨비 의식이 아니었고 오직 불교에서만 볼 수 있는 독특하고 장엄한 의식이었습니다. 이렇듯 장엄하던 의식이 앞에서 기술한 바와 같은 무식의 무리들(徒輩)에 와서 무당 무리와 같아지고 만 듯합니다. 불문(佛門)이 광대하여 용과 뱀이 뒤섞여 있는지라(龍蛇混雜) 이 따위 무리들의 행동을 용납하거나 묵인할 점이 있을는지 모르나 필자의 견지와 같아서는 추호도 용납 허락할 수 없을 것 같습니다.

이 따위 작업에 생명을 걸고 있는 일부 무당 무리들은 이렇게 말합니다. "오늘날의 의식은 영산^(부처님) 당시부터 있었던 것이거늘, 3천 년 이후인 오늘날 이를 없애자고 주장함은 경솔한 태도를 취함이 아니냐?"라고. 이 말은 어디서 증거를 잡고 하는 말인지 그 출처를 알지 못하겠습니다.

경전과 역사책을 아무리 들추어 보아도 오늘날의 도깨비 연극과 같은 의식이 영산 당시부터 있었다는 것은 도무지 보지 못하였습니다. 혹자는 영산회상에 긴나라·건달바 등이 모인 것을 유일의 핑계^(憑藉)를 삼으나 이것은 안 될 말입니다.

긴나라·건달바 등이 자기네의 본질인 노래와 춤^(歌舞)으로써 거룩한 가르침^(聖敎)의 진리를 부양한 일이 있었으나 이들은 직접 불제자인 우리의 승려가 아니었고 당시 부처님 법문을 들었던 대중^(聽法衆)인 일부 외호^{外護}에 지나지 못하였습니다. 어디든지 세존께서 설법하시는 곳만 있으면 반드시 가서 음악으로써 교리를 부연하는 동시에 법회를 위하여 극진히 경호하였습니다. 이것으로 금일 도깨비 의식의 원조라 하면 이 얼마나 무식한 말이겠습니까?

4.
그렇다. 위 글에서 박승주가 말했듯이, 지금 해인사가 앞장서고 전국의 사찰이 열심히 그 뒤를 좇아 하고 있는 짓은 '무당의 푸닥거리나 도깨비 연극'이라 해야 마땅할 것이다.

그런데 차라리 무당이라면 그런대로 봐줄 수도 있다. 왜? 무당은 스스로 존경을 받으려고 하지도 않고, 또 무당을 찾아가 굿을 부탁하거나 하는 사람들도 무당을 존경하지는 않기 때문이다. 하지만 1029일 천도재와 생전예수재를 거듭해서 벌이고, 심지어 60간지에 따라 전생의 죗값을 징수하는 분들은 분명 무당이 아니고 정식으로 구족계를 받은 스님들이기에 삼보三寶의 한 축으로서 신도 대중들의 존경을 받는 것을 서로 당연하게 여긴다.

"나는 무당이다"라고 분명하게 드러내면서 푸닥거리를 하는 것과, "나는 거룩한 승보僧寶요!"라면서 '푸닥거리, 도깨비장난'을 저지르는 것은 180도 다르다. 이건 위선僞善을 넘어서 대중을 속이는 사기詐欺 행위이고, 온갖 혼란을 조장하는 작란作亂이다.

5.
해인사에서 1029일 천도재를 처음 발명發明(이 말이 불쾌하게 들릴지 모르지만, 이것은 분명 이전에 없던 것을 만들어 낸 발명이다)하여 실시했던 모 스님은 다른 절 주지로 옮겨가서도 이와 같은 행위를 계속해서, "엄청난 사찰 부채를 갚았다"고 자랑하고 있다. 그러니 이런 분들 입장에서야 "만약 생전예수재와 천도재를 지내지 않으면 열악해져만 가는 사찰 재정 구조를 어떻게 해결하겠는가?"하고 물을 것이다.

이런 질문에 대해서는 이미 100여 년 전에 만해萬海 스님께서 『조선불교유신론』에서 명쾌하게 답을 해놓으신 것이 있어 여기에 옮긴다.

혹 묻기를 "재 공양과 제사 등의 일은 어떻게 하겠는가?"라고 한다면 나는 [다음과 같이] 말하겠다. 재 공양과 제사는 똑같이 복을 비는 의식이다. 그러나 복은 빌어서 얻을 수 있는 것이 아닌데다가 부처님도 원래 화복禍福의 주관자가 아니시니, 빌어본대도 복을 얻는 데에 아무 도움도 되지 않을 것이다. 또 제사를 두고 말한다면, 자기 할아버지나 아버지의 은의恩義가 아직 끊어지지 않아서, 자손된 이로서 과거를 추억하고 때로 느꺼운 생각을 이기지 못하여 그 정성을 헌수獻需배례拜禮하는 행동으로 표현하는 의식이다. 그기에 4대가 되면 제사하는 대代가 다하는 까닭에 복服을 입지 않고 제사 또한 지내지 않는 것이니, 대가 멀어 은의가 얇은 까닭이다.

그런데도 지금 장삼이사張三李四의 조금도 혈연이 닿지 않는 자를 무슨 은의가 승려에게 있다 하여 해마다 제사를 드려 싫증낼 줄 모르는 것인가? 본래 불교는 중생제도를 위주로 하는 까닭에 승려의 자비심이 사람들의 영혼을 정토에 왕생시키고자 해서 제사를 지내는 것인가? 그렇다면 어째서 천하 사람들을 일일이 다 제사하지 않고 다만 재물을 바친 자만을 제사하는 것인가?

또 제사를 지냄으로써 정토에 왕생할 수 있다고 하면 한 번 제사하는 것으로 족할 것이며, 제사하여도 그것이 불가능하다고 하면 만 번 제사를 지내도 아무 효과가 없을 것임에도 불구하고 대대로 제사를 어기지 않음은 무슨 까닭인가? 나는 그 이유를 안다. 다름이 아니라 그 나머지 밥과 찌꺼기 국을 얻어먹기 위함일 뿐이다. 비록 신을 삼고 자리를 짠들 어찌 밥 한 사발과 국 한 대접을 못 얻을까 걱정하여 사람의 도리가 아닌 일에 아첨해서 고개를 숙이고도 이상하게 여기지 않으니, 참으로 슬픈 일이다. 재 공양과 제사의 의의가 이상과 같을 바에야 아예 폐지해도 괜찮을 것이다.

또 "그러면 장래에는 부처님을 받들지도 않고, 중은 제사를 지내지도 말자는 말인가?"라고 말하는 [사람이 있을 것이다]. [여기에 대해] 나는 "아니다"라고 말하겠다. 이것은 사람들이 부처님을 숭배하지 말자거나 그 조고祖考와 선사先師의 제사를 아울러 폐지하자는 뜻이 아니다. 다만 복을 빌어 망령되이 제사를 지내는 일을 없애자는 것뿐이다. 이 일이 대단치 않은 문제 같으나 사실은 중대하니 하루 빨리 고칠 필요가 있다. 지금 재 공양의 절차와 제사의 예식에 대해 언급하는 사람치고 번잡함을 제거하고 간소함을 택하자고 말하는 이는 있으나, 재 공양과 제사를 다 같이 폐기하자고 말하는 이는 천하에 외쳐 보아도 한 사람도 없는 상태이다. 대개 습관에 젖어서 그 근본을 캐지 않고, 다만 그 지엽적인 점만을 문제로 삼으면 그런 결과가 될 것이다. 일을 논하는 사람들은 바른 눈으로 먼저 관습이나 이해의 밖에 놓고 관觀한 다음에 이치를 생각하여 검토한다면 거의 큰 과오는 범하지 않게 될 것이다.

"재 공양(齋供)과 제사를 폐지하면 절의 재원이 장차 고갈되어 승려의 생계가 날로 위축될 것이다. 그러면 과연 불교가 보존될 수 있겠는가?"라고 물을 것이다. [그러면] 나는 이렇게 말하겠다. "아! 그대는 사리를 헤아릴 줄 모른다." 세상의 종교가 매우 많은데, 그 중 어느 하나도 불교보다 부유하고 번성하지 않은 것이 없는 터인데, 과연 재 공양과 제사를 행했기 때문에 이런 상태가 되었다는 것인가? 굳이 재 공양과 제사 덕택으로 절을 유지하고 승려의 생계를 도모하는 대계大計를 삼는 데 만족한다면, 이는 [앞으로 영원히] 조선불교가 천하의 다른 종교에 못 미치는 까닭이 될 터이니, 그대가 실은 동쪽으로 가야 하는데 서쪽을 향하고 있는 것이라, 왜 다시 생각하여 머리를 돌리지 않는가?

만해 스님은 세상에 부유하고 번성한 수많은 종교들이 재 공양을 올리고 제사를 행해서 그렇게 된 것은 아니라고 진단하면서, 이에 의지해 생계를 유지하려는 한국 불교는 앞으로도 다른 거대 종교에 미치지 못할 것이라고 단언한다.

물론 가톨릭 역사에는 이와 비슷한 사례가 아주 많다. 중세 가톨릭은 전 교구가 조직적으로 나서서 해인사의 '간지별 좆값 매기기'와 비슷한 면죄부免罪符를 팔아 엄청난 재산을 축적하였던 것이다. 그러나 면죄부를 파는 것이 아니라, 하루 먹고 살기도 힘든 민중들에게 강제로 할당을 하고 그것을 감당하지 못하는 사람들을 죽음으로 몰고 가면서 저항이 일어나고 여기에 일부 성직자와 영주들이 뜻을 함께 하면서 우리가 잘 아는 '기독교의 대분열(흔히 '종교개혁'이라고 함)'이 일어나 가톨릭 세가 약화되고 개신교가 등장하는 것이다.

6.
해인사에서 벌어지고 있는 일과 같은 추세가 한국 불교계 전역으로 확산된다면, 머지않은 장래에 한국 승가는 중세 가톨릭이 맞이했던 운명과 똑같은, 어쩌면 더 혹독한 시련을 맞이할 수 있음을 명심하여야 한다. 그 시련이 '기독교 대분열'처럼 '불교의 대분열'로 이어질지 아니면 '불교의 대 약화弱化'로 이어질지, 그도 아니면 최악의 경우 '불교의 소멸'로 이어질지는 아직 알 수 없다.

그러면 해인사가 지금 벌이고 있는 '간지별 줏값 매기기'는 과연 부처님 법과 계율에 맞는가? 대한불교 조계종은 이 문제를 고민하고 이에 대한 적절한 대책을 강구하여야 할 것이다.

첫째, 호법부와 호계원이 나서야 한다. 이 두 조직은 무엇을 하는 곳인가? 부처님 법法을 지키는(護) 부서(部)이고, 부처님께서 정해 놓으신 계율(戒)을 지키는(護) 상위 조직(院)이 아니던가? 만약 현재와 같은 일들이 계속되는 것을 호법부와 호계원이 모른 체 하거나, '문제가 있는 줄' 알면서도 적절한 조치를 하지 못하고 방관·방치한다면, 앞으로 호법부와 호계원에도 불자 대중과 일반 사회에서 비난의 화살이 크게 쏟아질 것임을 분명하게 알아야 한다.

두 번째, 그리고 해인총림 방장인 법전法傳 스님 또한 해인사 소임자들에게 "이런 무당 푸닥거리나 굿 장난을 당장 집어 치우라! 이게 어디 부처님 제자가 할 일이란 말이냐?"며 호통을 치고 곧바로 폐지하도록 하여야 한다. 그렇지 않고, 1029일 천도법회에서 법어를 하면서 "천도재는 조상들의 은혜를 갚는 일 ……" 운운 한다면, 불자 대중들의 외면을 받게 될 뿐만 아니라 전체 한국 수행자에 대한 일반 사회의 날카로운 시선을 피할 수 없을 것이고 결국 불교의 쇠퇴를 가져올 것이다.

선사의 할喝과 몽둥이는 이런 때에 필요한 것이다.

세 번째로 깨어 있는 승가와 일반 신도 대중들 또한 이처럼 잘못된 행위, 부처님 법과 율에 100% 어긋나는 일에 동참을 거부하고 그 잘못을 지적하여야 한다. 혹 지적에도 불구하고 바로잡을 가능성이 없을 때에는 과감하게 '공양 거부 운동'을 펼쳐서라도 길을 잘못 가고 있는 한국 불교를 바로 세워야 한다. "저렇게 하면 안돼!"하면서 방관만 하고 있는 사람의 책임도 적지 않음을 명심하고 결코 방관자가 되지 말아야 한다.

파계破戒와 범계犯戒 여부는
본인의 의지에 달려있다

세속 사회의 법률 집행에서는 어떤 행위의 결과를 가장 중요하게 여깁니다.

물론, 검사나 판사에 따라서는 동기動機나 과정을 중요하게 여기고 수사와 판결에 반영하기도 합니다.

그런데 『율장』律藏을 보면 부처님께서는 행위자의 의지意志와 동의同意 여부를 가장 중요한 판단 기준으로 삼으셨던 것으로 보입니다.

한 때 라자가하(Rajagaha, 王舍城)에서 출가한 순다라Sundara라고 하는 비구가 큰길을 따라 걸어가고 있었다.

[그때] 한 여인이 "대덕大德 스님이시여! 잠시만 기다리세요. 제가 예배禮拜를 드리겠습니다"라고 말하였다. [그리고는] 예배를 드리면서 그 비구의 속옷을 헤집어 올리고 성기를 꺼내었다.

이 때문에 그 비구는 "세존께서 수행 규율(學處)을 정해놓으

셨다. 승단에서 추방되는 죄를 짓지 않았기만을 바라자"라
며 후회하였다.

그가 이 사실을 세존께 말씀드리자, 세존께서 말씀하셨다.

"…… 비구여! 그대가 동의해서 [그런 일이] 일어났나요?"

그가 말씀드렸다.

"세존이시여! 저는 동의하지 않았습니다."

"그대가 동의하지 않았으므로 잘못이 없소."

(「숫따비방가」 1 바라이, 10~11)

어느 때인가 한 비구가 한낮의 휴식을 취하러 베사리^{(Vesali, 毘}
^{舍離)}에 있는 큰 숲^(大林)에 들어가 누워 있었다. 어느 여인이
그 비구를 보고서는 그 곁에 앉아 욕정을 채우고 그 옆에
웃으며 서 있었다.

[잠에서] 깨어난 그 비구가 이 여인에게 말하였다.

"그대가 이런 짓을 했소?"

그녀는 "예, 제가 했습니다"고 말하였다.

이 때문에 그 비구는 "세존께서 ……"라며 후회하였다.

그가 이 사실을 세존께 말씀드리자, 세존께서 말씀하셨다.

"…… 비구여! 그대가 동의해서 [그런 일이] 일어났나요?"

그가 말씀드렸다.

"세존이시여! 저는 전혀 몰랐습니다."

"비구여! 그대가 몰랐으므로 잘못이 없소."

(「숫따비방가」 1 바라이, 10-19)

요즈음 『율장』을 읽고 이 글을 쓰는 일이 참으로 힘이 듭니다.

남의 비판이나 비방이 두려운 것이 아니라, '혹시 나는?' 하는 두려움 때문입니다.

저는 술을 자주 마시고, 그것도 과음을 해서 몸을 제대로 가누지 못하는 경우도 자주 있습니다. 그러니 제 의지意志와 상관없이 실수도 하고, 혹시 다른 사람들의 눈에 뜨이면 욕을 얻어 들을만한 일도 있습니다.

위에 인용한 『율장』 대목을 읽으면서, 처음에는 저에 대한 방어책으로 삼고 스스로 제 행동을 이해하고 변명하려 했습니다.

요즈음 언론을 시끄럽게 하는 어느 정치인의 변명처럼 제 속으로 그런 생각을 해보기도 하였습니다.

"그래, 필름이 끊길 정도로 술에 취해 저지른 일이면 내 의지대로 한 일이 아니잖아?

혹시 무슨 비판을 받게 되더라도 '술에 취해 아무것도 모른 채 일어난 일이다'며 발뺌을 할 수도 있고……."

그런데 잠시 동안이라도 이런 생각을 한 제가 큰 잘못을 한 것을 곧바로 알게 되었습니다.

'술을 많이 마시면 어떤 일이 벌어질지' 훤하게 알면서도 본인이 주체를 못할 정도로 마신 것 자체에 이미 제 의지가 담겨있기 때문입니다.

"마시지 않으려고 했는데, 누구누구에게 억지로 끌려서 할 수 없이 마시다 보니 그렇게 되었는데 어쩌란 말이냐?"며 변명하는 일은 다른 사람이 아니라 제 자신에게 궁색하게 보입니다.

그리고 보면 이렇게 제 자신을 돌아본다는 사실만으로도 이미 제가 『율장』을 읽고 남들에게 글을 써서 한마디 하는 일의 성과가 있는지도 모르겠습니다.

　『율장』에는 위에 나오는 이야기 말고도 적나라^{赤裸裸}한 사실들이 너무 많이 있습니다. 차마 입에 올리기 어렵고, 더욱이 글로 써서 다른 사람들이 읽게 하기에는 낯 뜨거운 장면들이 자주 나옵니다.
　그런데 이 모든 일들이 부처님 당시에 실제로 일어났던 사건이고, 그 사건에 대한 부처님의 판결입니다. 거듭 되풀이 말씀드리지만, 부처님께서 "이것이 중죄^{重罪}냐 경죄^{輕罪}냐, 아니면 무죄^{無罪}냐?" 고 판단을 내리는 가장 중요한 근거는 행위자의 의지와 동의 여부였습니다.
　요즈음 우리 주변, 범위를 좁혀서 불교계에는 많은 일들이 벌어지고 있습니다.
　삼보정재^{三寶淨財}를 마음대로 팔아 개인 재산으로 삼아버린 경우도 있고, 학교 재단의 이사로 진입하려는 욕심 때문에 동창회장 자리를 두고 싸움이 벌어지기도 합니다.
　인간이 살아가면서 욕심이 없을 수야 있겠습니까? 그러나 부처님 일을 한다고 내세우는 곳에서만큼은 최소한도의 원칙이 있어야 합니다.

　사리사욕^{私利私慾}을 채우기 위해 '부처님'을 팔아가며 나쁜 일을 하는 사람들은 비판을 받고 욕을 얻어먹어야 마땅합니다. 그러나 혹시 어떤 사람의 의지와는 상관없고 그런 행위에 동의하지도 않았는데 자신도 모르게 어떤 일이 벌어졌다면, 그 사람에 대해서 함부로 말을 할 수는 없을 것입니다.

그렇지만 절 땅을 몰래 팔아버렸거나 성폭행 사건을 저지른 사람이 혹시라도 "그것은 내 의지와 아무 상관이 없었다. 그러니 나는 죄가 없다"고 한다면 부처님께서 무어라 하실까요?

과연 '잘못된 행위인지' 여부, 그런 일로 해서 비판을 받고 있는 분들 스스로 판단할 일입니다.

이 땅의 아큐(阿Q)들이여,
정신을 차리자!

1.

루쉰魯迅은 중국 근대를 대표하는 지성인으로, 세상을 떠난 지 수십 년이 지나는 동안 중국이 엄청난 변화를 겪어도 여전히 많은 사람들의 존경을 받고 있는 인물이다. 진정한 혁명에 대한 그의 열정과 민중에 대한 따뜻한 애정 덕분이리라.

루쉰의 수많은 소설과 칼럼(雜文) 중 대표작이 무엇이냐고 묻는다면, 많은 사람들이 주저하지 않고 『광인일기』狂人日記와 『아큐정전』阿Q正傳을 꼽을 것이다. 오늘은 소설 『아Q정전』의 주인공 '아Q' 이야기를 해볼까 한다.

이 소설의 대강 줄거리는 이렇다.

미장未莊 마을의 토지사당(土谷祠) 안에서 사는 아큐는 자기 땅을 잃게 되어 혼자 힘으로 살아갈 수 없게 되었다. 그는 본래 일정한 직업 없이 이집저집 다니면서 품팔이를 했다. 그때그때 형편에 따라 보리 거두는 일을 하고, 쌀도 찧으며, 배를 젓기도 했다. 일이 늦게 끝날 때면 주인집에서 자기도 했지만, 대개는 일이 끝나면 사당으로 가버렸다.

사람들은 일이 바쁠 때에는 아큐를 생각했지만, 일이 없는 한가한 때에는 잊어버리곤 했다. 사람들은 "아큐는 일을 참 잘해!"하고 평가했다. 아큐는 완전히 파산하고서도 몹시 우쭐거리며 과대망상에 젖었다. 온몸에 봉건시대 통치 계급 사상의 나쁜 물이 심하게 들어 있었다.

실패한 뒤에도 '정신승리법'으로 변명하는 것이 바로 그런 사상적 해독이 아큐의 정신세계에 끼친 가장 뚜렷한 특징이었다. 혁명이 일어나기 시작했을 때 아큐도 혁명에 참가하려고 했으나, 혁명이 실패하자 조[趙] 영감과 '가짜 양놈' 따위들이 그나마 거둔 혁명의 성과를 빼앗아가고 아큐가 혁명에 참가하는 것을 막았다.

혁명이 일어났어도 봉건 통치계급이 다시 통치권을 장악했고, 아큐는 그들이 만든 명분 때문에 터무니없는 죄명을 뒤집어쓴 채 총살당하고 만다. 이것이 아큐의 한평생이다.(왕스징 지음 / 신영복 유세종 옮김, 「루쉰전」, pp.197~198)

이 소설은 이렇게 끝을 맺는다.

그렇다면 세론은 어떠했는가? 미장에서는 못마땅하게 여기는 사람이 별로 없었다. 두말할 것도 없이 아Q가 나쁘다고들 했다. 총살을 당한 것이 그 증거라는 것이었다. 나쁘지 않다면 왜 총살을 당했겠는가? 그런데 성안의 여론은 그다지 좋은 편이 아니었다. 성안의 구경꾼들은 대부분이 아Q를 총살한 것에 대해 불만이었다. 총살은 목을 자르는 것보다 구경거리가 되지 못한다는 것이었다. 게다가 얼마나 가소로운 사형수였던가, 그렇게 오래도록 거리를 끌려 다니면서도 노래 한 곡조 뽑지 못하다니, 공연히 따라다니느라 헛수고만 했다고들 했다.(노신문학회 편역, 「노신선집 1」, p.158)

2.

루쉰이 소설 『아Q정전』을 써서 세상에 발표한 시대는 과연 어땠는가?

『루쉰전』의 작가는 신해혁명 이후 루쉰의 고향 사오싱(紹興)의 상황을 다음과 같이 전한다. 루쉰이 『아Q정전』을 쓴 것도 이런 상황에 대한 안타까움과 분노 때문이었을 것이다.

그러나 신해혁명의 폭풍우는 다른 지방에서와 마찬가지로 사오싱에서도 금방 지나가버리고 말았다.
사오싱은 겉모습은 변했지만 속은 옛날과 다름없었다.
일찍이 광복회에 참가한 적이 있는 혁명당원 왕진파는 사오싱에 진입한 초창기에는 그래도 몇몇 혁명 조치를 감행했다. 그러나 사오싱 인사들은 그들 조상에게서 물려받은 흔한 수법으로 왕진파에게 오늘은 이 재물을 내일은 저 재물을 갖다 바치면서 그의 비위를 맞추고 굽실거렸다. 그러자 왕진파는 점차 본래의 목표를 잊어버리고 차츰 혁명성을 상실하고 말았다. 신해혁명을 반대한 반동들에 대해 엄격하게 제재하지 않고 타협하는 태도를 보였다. 심지어는 사오싱 부의 전 지사도 가만히 내버려두었으며, 여성 혁명가 추진을 살해한 살인범도 징벌하지 않았다. 말하자면 '지난날에 저지른 죄를 묻지 않고' '다 같이 유신해야 한다'는 것이었다. 얼마 지나지 않아 이전의 지주나 토호열신들도 '혁명'이라는 간판을 내걸고 무슨 사회당이니. 자유당이니 하는 갖가지 이름을 붙인 '혁명당'을 조직해서 그 기회에 한 몫 잡아보려 했다. 군정부 관청 안에 있는 인간들은 태반이 한량들로 들어갈 때는 베옷을 입었는데 춥지도 않은 날씨에 열흘도 못 되어 모두 모피 두루마기로 바꾸어 입었다.

「아침꽃을 저녁에 줍다」, 판아이눙.; 「루쉰전」, p.138)

3.

오랜 동안 썩어 있던, 그래서 미래에 대한 희망이 보이지 않던 중국 민중들에게 신해혁명이 한 줄기 빛으로 다가왔었다면, 정치 권력에 기대어 일부 종권 세력의 배불리기에만 바쁘고 침체에 빠져 있던 한국 불교계에는 1994년의 이른바 '종단 개혁'이 '희망의 빛'을 선사하는 것으로 보였다.

그러나 신해혁명으로 정권을 잡은 이들이 '들어갈 때에는 베옷을 입었는데 열흘도 못되어 모두 모피 옷으로 바꾸어 입었듯이', '종단 개혁'을 주도했다는 인사들도 권력 나누어먹기에 바쁘고 나누어먹기 과정에서 자기들끼리 치고받고 싸우다 분열하였다.

신해혁명이 곧바로 '반-혁명'의 거센 저항을 만나 굴복하고 변질되어 결국 중국 전역이 군벌들과 제국주의 국가들의 수중에 들어가듯이, 한국 불교의 개혁 또한 구태로 되돌아가 겉으로는 '개혁, 개혁!'을 이야기하지만 그것은 명분일 뿐 진정한 개혁은 물 건너간 지 이미 오래이다.

고깃덩어리를 보고 사납게 달려들어 물어뜯는 들개처럼 돈 많이 생기는 요지를 차지하는 데에만 눈이 멀어 있으면서도, 입을 열면 '개혁'을 이야기하고 '통일'을 이야기한다. 100여 년 전의 중국 상황과 현재 한국 불교계의 상황이 별로 다르지 않아 보인다.

4.

더욱 불쌍하기는 언젠가 폐기 처분되어 사라질지도 모르고, 자신이 '아Q'와 같은 불쌍한 존재인지도 모른 채 그 권력에 붙어 그들의 먹잇감 사냥을 돕고, '총살당한 아Q를 바라보며 당연하다는 표정을 지었던 구경꾼들'과 별반 다를 바 없는 인물들이 있다는 점이다.

이들은 자신들 또한 '아Q'라는 사실을 모른다. '아Q'의 총살을 바라보며 고개를 끄덕이고, "왜 목을 쳐서 죽이지 않고 총살을 해서 구경을 재미없게 했는가?"라고 하는 구경꾼들 또한 자신들이

'아Q'와 다를 바 없는 또 다른 '아Q'였다는 사실을 몰랐듯이 말이다.

'아Q'는 자기가 어떤 위치에 있는지도 모르고, 그저 혁명이 좋아 보여서 따라나섰다가 엉터리 혁명주의자들에게 희생되고 만다. 나 또한 어쩔 수 없는 이 시대, 이 땅의 '아Q'이리라.

이 땅의 '아Q'들이여, 이제 그만 정신을 차리자. 엉터리들을 '개혁'인 줄 알고 따라 다니다가 그들에게 이용만 당하고 버림받는 어리석음을 되풀이 하지 말자. 누가 엉터리인지 누가 진짜 개혁을 말할 수 있는 인물인지 잘 살펴보자.

이 땅의 '아Q'들이 제 정신을 차리는 날, 위장 개혁가들이 쓰고 있는 가면이 저절로 벗겨질 것이며, 그들이 더 이상 이 땅에 발을 붙이고 큰소리치며 살 수 없을 것이다.

이 세상에서 미움으로 미움이 끝나지 않으니,
오직 사랑으로만 미움은 사라지리.
이것은 영원히 변치 않는 진리라네.

『법구경』제5 게송

제 3 부

붓다와 여성 그리고 생명

어머니의 눈물

어머님을 좋아하고 존경하지 않는 사람이 있을까? 영웅호걸이나 애국자나, 극악무도한 죄인이나 모두 어머님에 대한 사랑과 존경은 큰 차이가 없을 것이다.

나 또한 어머님에 대한 사모의 정이 깊고 넓다. 최근 몇 년 동안 힘든 세월을 살게 되면서 죄송스럽고 안타까운 마음까지 겹쳐 더욱 가슴이 아려온다.

어머님, 곽원만심郭圓滿心 보살님은 서기 1922년에 경기도 여주군 강천면 간매리에서 태어나셔서 우리 나이로 열여덟[18]이 되던 해에 아버님과 결혼하셨다. 당시 아버님은 스물두[22] 살이셨다.

본래 내 외할머님은 어머님께서 네 살 때에 돌아가셨다. 어머님은 당신보다 열 살 많으신 새 어머님을 끔찍하게 잘 모셨다. 내게는 이모와 외삼촌이 되는 그분 슬하의 여동생 셋과 남동생 하나를 보살피는 데 소홀함이 없어, 이모님들과 외삼촌은 당신을 나아주신 어머님보다 큰언니와 누님에 대한 정이 깊다. 그러니까 소설이나 드라마에 나오는 이복형제들 사이의 불화와 같은 이야기들이 내 외가에는 해당되지 않는다.

어머님께서는, 올해(2007년) 예순다섯(65)이 되신 큰형을 임신하시고부터 절에 다니기 시작하셨다. 어머님에서 시작해서 큰어머님, 그리고 자연스럽게 큰댁의 사촌들과 우리 5남매도 절에 다니게 되었다. 우리 말고도 고향 마을에서 여러 가구가 어머님의 인도로 함께 절에 다니게 되었으니 내 어머님은 큰 역할을 한 포교사인 셈이다.

해방이 되고 서울에 가서서 나름대로 사업에 성공하셨던 아버님은 전쟁이 끝나고 나서도 서울에 올라갈 엄두를 못 내셨다. "초근목피草根木皮로 살아간다"는 말이 생생하던 시절이다. 물려받은 재산이 아무것도 없었던 우리는, 그 이후로 60년대 말까지도 아주 가난하게 살았다.

그렇게 어렵던 시절인 1955년에 나는 큰댁 사랑방에서 태어났다. 태어났을 때 산관을 해주셨던 큰어머님께서 "몸이 바짝 마르고 배배 꼬여있어 도저히 살 수 없을 것 같다"며 안타까워하셨다고 했을 정도였다. 어린 시절, 나는 몸이 매우 약했고 중학교 3학년까지 얼굴에 버짐을 달고 살았다.

그래서 어머님께서는 자주 "큰형(1943년생)은 학교에 들어가기 전 서울에 살 때에 제대로 먹고 자랐고, 둘째 형(1948년생)은 뱃속에서나 아기였을 때 그리고 누나(1950년생)는 뱃속에서라도 제대로 먹고 자랐는데 셋째는 뱃속에서도 고생하고 태어나서도 젖이 모자라 힘들었던 것이 늘 마음에 걸린다"고 하셨다.

그 시절 시골에서 어렵게 살았던 사람이라면 모두가 겪었던 일이지만 혹시 몸이 아프다고 해도 병원에 가는 일은 없었다. (내가 병원에 처음 간 것은 대학 졸업하면서 건강진단서를 발급받기 위해서였다.) "배가 아프다"고 하면 어머님께서는 그 거친 손바닥으로 배를 문질러 주시며 "정구업진언 수리수리 마하수리……"를 외우셨다. 그것이 『천수경』이라는 것은 훨씬 뒷날에야 알게 된 것이고, 그때는 '어머님 손이 약손'이라고만 여기고 있었다.

어머님뿐 아니라 아버님도 신심이 돈독하셨다. 몇 마지기 안 되는 논농사를 지으실 때에도 논 한쪽 구석에 따로 정성을 들여 가꾸는 곳이 있었고, 그곳에서 수확한 벼는 따로 도정을 해서 공양미로 쓰셨다. 고향 집에서 4km 정도 떨어진 절에 가려면 큰 고개를 하나 넘어야 하는데, 어머님께서는 머리에 공양미를 이고 이 길을 가는 동안 "혹시라도 더럽게 될까?" 하는 우려에 단 한 차례도 그것을 땅바닥에 내려놓으신 적이 없었다. 부처님께 올리는 정성이 그만큼 지극했었던 것이다.

어머님의 신심은 여전하시다. 90이 다 되어 가시는 연세에도 새벽 일찍 일어나 찬물에 세수를 하시고는 허리를 곧게 펴시고 경전을 읽으신다. 요즈음은 "우리말 『법화경』을 몇 차례 읽었는데 금방 잊어버려 안타깝다"는 말씀을 하신다. 거의 매일, 사시는 곳 가까운 곳에 있는 안산 청룡사에 가셔서 지내신다. 절에 가시면 젊으실 때나 마찬가지로 편안하게 대접을 받으려고 하는 법이 없으시다. 걸레를 빨아 법당과 요사 구석구석을 깨끗하게 하는 일을 당신께서 해야 할 '당연한 일'로 여기신다.

어머님께서는 '분노와 증오'를 볼 수 없다. 굳이 '용서'라는 말을 쓰지도 않으신다. 내가 힘든 일을 겪고 누군가에게 화를 내고 원망이라도 할라치면, 조용히 듣고 계시다가 내 마음이 조금 가라앉을 때쯤 해서 "화를 내고 미워한다고 그 일이 해결되겠는가?"라며 달래주신다.

내 형제들이 그랬듯이, 어머님께서 키워주신 내 두 딸도 경전을 읽으시는 이런 할머님을 따라 자연스럽게 한글을 배웠고, 책을 가까이 하는 법을 몸에 익혔으며, 부처님 제자가 되었다.

내가 10년 전 파라미타청소년협회 일을 보게 되었을 때, 어머님께서 그렇게 좋아하셨다. 얼마 전에 "그때 내 아들이 부처님 일을 하게 되었다는 소리를 듣고 내가 눈물을 흘렸었다"고 회고하신 적이 있는데, 그 말씀을 듣는 나는 가슴이 무너져 내렸다. 이처럼 지극한 어머님 마음과 신심에 어긋나게 해드렸으니.

내가 부처님 가르침을 배우는 제자가 되고 부처님 일을 하는 것은 순전히 어머님 덕분이다. 어머님이 아니었으면 지금쯤 전혀 다른 사람이 되어 있을지도 모른다. 혹 나보고 "성질이 급하다, 나쁘다"고 하지만, 이 정도라도 되는 것은 어머님이 다독거림 덕분일 것이다.

부처님께서는 은혜를 다 갚을 수 없는 두 사람이 있으니. 어머님과 아버님이라고 하셨다. 한쪽 어깨에 어머님을, 그리고 다른 어깨에 아버님을 모시고 백년을 산다고 하여도, 그리고 온갖 정성을 다하여 그분들을 모신다고 해도, 그 은혜를 갚을 수는 없다고 하였다. 자식들을 낳아서 기르고, 먹이고 가르쳤기 때문이라며…….

그런데 내 어머님은 나를 부처님 법으로 이끌고, 악한 마음을 갖지 못하도록 해주셨으니 그 은혜가 더욱 지중하다. 그 은혜를 어찌 갚을까?

부처님은 성차별주의자였나?

여성에 대한 불세존^{佛世尊}의 태도는 불교 자체의 본질, 그리고 '평등과 민주주의를 위한 인권 운동을 불교가 지지하는지 아닌지' 여부와 직접 관련이 있다. 불세존께서 열반에 드신 지 이미 오랜 세월이 지났기 때문에, 이 질문에 대해 '분명한 답을 할 수 있는 길이 하나도 없다'고 주장할 수도 있다. 그렇지만 이 질문을 살펴보는 데 있어 '삼장^(三藏, Tripitaka)'에 수록된 내용이 좋은 참고 자료가 된다. 이 '삼장'은 세계의 다양한 종교적 가르침 중에서 내용이 가장 방대하다.

부처님께서 여성에 대해 차별을 하셨는지 아닌지 여부를 알아보기 위해 참고할 수 있는 유일한 역사적 자료가 '삼장'이다. 그렇다고 해도, 그 방법이 그리 간단치 않다. 불교 텍스트에 대한 해석은 '읽기'에 활용되는 방법에 주로 의지하고 있다. 예를 들자면, 숱한 전통적 불교도들이 그러하듯이 단어 하나하나의 뜻을 정확히 짚어가거나, 혹은 많은 현대 학자들이 하듯이 전체적 맥락을 이해하기 위해 좀 더 넓은 접근 방법을 쓰는 것이다.

후자의 경우 비판적 분석과 '행간^{行間}을 읽어낼 수 있는 기술'

을 필요로 한다. 고대부터 전해져 내려온 대부분의 종교 텍스트처럼, '삼장'은 여성의 지위에 대해 서로 상충되는 정보들을 제공한다. 여성에 대해 강력하게 차별을 하는 주요 근거자료 가운데 하나는 '비구니 승가의 기원'에 관한 전설인데, 이 전설에 따르면, 당신의 이모이자 계모였던 프라자파티 가우타미^{Prajapati Gautami}가 간청하는 '여성의 수계'를 부처님께서는 인가하지 않았다. 결국 부처님의 최측근 시자였던 아난다^{Ananda}가 끼어들어 그녀를 대신해 중재를 하였다. 그 결과, 부처님께서는 일련의 특별규정, 이른바 '비구니 팔경계법'^(八敬戒法, Garudhammas)을 제정하였는데, 이 규정에서는 여성의 수계에 대한 조건을 정해놓았으며 비구니들은 생이 다할 때까지 이 규정을 철저히 지키도록 요구받았다.

'비구니 팔경계법'은 다음과 같다.

1. 계를 받은 지 100년이 지난 비구니라도 바로 그날 갓 계를 받은 비구라고 할지라도 그를 존경하고 예를 갖추어 절을 올려야 한다.(비구들은 법랍에 따라 서로 존경을 표한다.)

2. 비구니는 비구가 하나도 없는 거처에 머물 수 없다.(비구는 독립된 처소에 머물 수 있다.)

3. 비구니는 보름마다 포살을 청해 비구의 지시를 받는 두 가지 의무를 준수해야 한다.(비구의 경우 의무적인 이 의식을 치르기 위해 비구니에 의존하지도 않고, 그 어떤 지시를 받으라는 요구도 받지 않는다.)

4. 하안거를 마친 비구니는, '보고 듣고 의심이 갔던 것'에 대해 지시를 받기 위해 비구와 비구니 승단 양쪽에 모두 출두해야 한다.(비구들은 비구 승단에만 출두하면 된다.)

5. 승잔죄^(僧殘罪)의 관련 규정을 어긴 비구니는 최소한 15일 동안

근신해야 하고, 복귀하려면 비구와 비구니 승단 양쪽의 승인을 받아야 한다.(비구의 경우에는 최소 근신 기간이 5일이며, 복귀하기 위해 비구니의 승인을 받지 않는다.)

6. 여자에게는 비구와 비구니가 함께 계를 주어야 하며, 2년 동안의 신청 기간이나 '육계六戒' 수련을 받고 난 뒤에라야 계를 받을 수 있다.(남자들은 신청 기간이 의무로 부과되지 않고 수계 의식도 비구들만으로 이루어진다.)

7. 비구니는 비구를 비난·질책할 수 없다.(비구는 다른 비구를 비난·질책할 수 있고 비구라면 그 누구라도 비구니를 비난·질책할 수 있다.)

8. 오늘 이후로 비구니는 절대로 비구를 가르칠 수 없다. 그러나 비구들은 비구니들을 가르칠 수 있다.(비구가 가르치는 대상에 대해서는 아무 제한도 없다.)

이 전설에 따르면, 부처님의 제자 아난다가 이 '팔경계법'을 외워서, 프라자파티에게 부처님의 말씀을 전하려 돌아갔다. 그녀는 아무 조건도 달지 않고 여덟 가지 규정을 모두 받아들였다. 그리고는 기쁨에 겨워 말하였다:

"'팔경계법'을 모두 받아들이겠습니다. 자신의 미모를 즐기는 젊은이들이 목욕을 하고 나서 쟈스민이나 라이락 꽃다발을 손으로 받아 머리에 얹는 것처럼, 제 삶이 다할 때까지 어김없이 지켜나가겠습니다."

여성에 대한 이런 차별 규정과는 별도로, 부처님께서는 "여성의 출가와 수계 때문에, 1,000년이 지속될 이 종교의 핵심 가르침이 500년에 끝나게 될 것"이라고 예언하셨다.

이것은 '삼장'의 다음 구절에 서술되어 있다:

그때 아난다 존자가 세존을 뵈러 갔다. 한쪽에 떨어져 앉아 그가 세존께 "세존이시여! 마하파자파티 가우타미가 '팔경계법'을 받아들였습니다. 이제 세존의 이모님께서 출가하여 계를 받으셨습니다"라고 말씀드렸다.

세존께서 아난다에게 말씀하셨다.

"아난다여! 여인들이 가정생활을 포기하여 여래가 세운 교단으로 출가하여 계를 받지 않았다면, 성스러운 삶(梵行)은 오래도록 지속되고 불교의 핵심 가르침은 1,000년 동안 남을 수 있었을 것이오. 그러나 여래의 이 교단에서 비구니의 출가·수계가 일어났기 때문에 성스러운 삶(梵行)은 오래 지속되지 못하고, 진정한 법(眞法)은 500년밖에 지속되지 못할 것이오.

아난다여! 어느 종교에서든 여인이 출가하여 계를 받으면 그 종교가 오래 지속되지 못할 것이오. 이것은 마치 남자보다 여자가 많은 집안이 도둑들에게 쉽게 무너지는 것과 같고, 쌀벌레에 한 번이라도 침해를 받으면 기름진 논도 오래 가지 못하는 것과 같으며, 한 차례라도 녹병 침해를 입은 사탕수수 밭은 오래 가지 못하는 것과 같이, 진정한 법(眞法)도 오래 지속되지 못할 것이오.

아난다여! 물길을 막기 위해 큰 둑을 쌓는 것처럼, 비구니들이 자기들의 남은 인생을 실수 없이 수행에 전념할 수 있도록 내가 '팔경계법'을 제정하는 것이오."(남전 「율장」 II)

전통적 교육을 받은 불교도들은, 물론 '위에 나오는 구절을 부처님께서 실제로 말씀하셨다'는 주장을 당연하게 여긴다. 그러므로 그들은 이 구절이 '여자들은 남자들보다 열등하고 따라서 여자들이 불교의 전멸시키게 되리라는 것'을 의미한다고 여긴다.

만약 이것이 사실이라면, 오직 한 가지 결론이 있을 뿐이다. "부처님은 성차별주의자였다." 하지만 불교도들에게 쓰기에 '성차별주의자'라는 용어는 너무 강하다. 설사 전통적인 불교도라고 하더라도, 단 한 사람도 '부처님에게 편견이 있었다'고 인정하려고 하지 않는다. 오히려 "이것은 세상 만물의 모습 그대로이다. 이것이 우주의 진리이고, 이 조항들은 부처님의 메시지임이 확실하므로 '팔경계법'을 받아들이는 수밖에 달리 도리가 없다"라고 주장하면서 '팔경계법'의 메시지를 변호하려고 한다.

근본주의적인 이 해석 때문에 불교도들은, 인권과 '성의 평등'에 기반을 두고 있는 민주주의에 대한 신념에서 소외되어 왔다. 불교는 이제 전 세계 인구의 반 정도를 사회에서 소외시키는 도구가 되었다. 교육받은 사람들은, 불교를 사회 진보를 위한 해결책으로써 이해하기보다는 그 문제의 일부분으로 바라보기 때문에, 불교에서 등을 돌려버린다.

'삼장'을 비판적으로 읽으면, 이 질문에 대답하는 또 다른 방법이 가능하다. 현대 학자들의 방법론이 이것이다. 그것은 여인에 대한 부처님의 태도가 어땠었는지 다양한 그림을 분명하게 보여준다. '삼장'의 다른 곳들의 내용에 따르면, '팔경계법'은 '자비'라고 하는 부처님의 근본 원칙과 인간 본성에 어긋난다. (생명의) 기원에 대해서 부처님이 하신 설명에 따르면, 남성성男性性과 여성성은 물리적 세계의 계속적인 소멸의 결과로 발생하는 것이다. 다시 말해서 현재 우리 모습의 진정한 본질에 속하지 않는다. 성性은 우리의 진정한 본질의 외적 발현에 불과하므로, 남자와 여자 둘 다 최상의 깨달음을 성취할 수 있는 동등한 능력을 갖추고 있다 할 것이다.

게다가, '삼장'의 이 특정 부분-비구니 교단의 기원과 '팔경계법'에 관한 전설-을 '삼장'의 다른 부분들과 비교해 보면 숱하게 많은 모순과 불일치가 발견된다. 예를 들면, 깨달음을 성취한 비구와 비구니들이 남긴 게송집인 『테라가타』(Theragatha, 長老偈)와 『테리가타』(Therigatha, 長老尼偈)를 보면, 비구니 스님의 가르침을 받아 깨달음을 성취한 비구가 있었고 그 결과로 이 비구는 그 비구니를 어머니처럼 공경하였던 적도 있었다. 이는 '비구니가 비구를 가르치는 것을 금하는' '팔경계법'의 마지막 조항과 어긋난다.

또한 "오늘 이후로"라는 구절은 그보다 앞서 비구들을 가르치는 비구니들이 있었으며, '부처님의 이름'을 내세워 그런 활동을 중단시키려고 그 규정을 공포하였으리라는 사실을 암시한다. 이것은 그 이야기의 뒷부분에 사용된 "둑"이라는 은유에 의해서도 뒷받침된다. 그 이야기의 이 부분은, 쌀벌레와 녹병 침해를 받은 경작지를 보고 난 농부가 논과 사탕수수 밭을 그곳과 격리시키기 위해 쌓았던 '둑(제방)'에 대한 이야기를 하고 있다. 그 농부가 해충을 알아보자마자 곧바로 '둑'을 쌓아야 하지만, 그보다 앞설 수는 없다. 이 은유법의 사용은 '비구니 승단이 성립되기 이전에 이미 이 규정들이 정해졌다'는 주장에 반[x]한다. 이 여덟 가지 규정은 오히려 비구니 승단이 성립되고 한참 지난 어느 때인가에 만들어졌다. 이런 작은 의문점들은 "'팔경계법'의 전설이 부처님의 가르침의 일부로 '삼장'에 가필[加筆]되었음"을 암시한다. 그렇다면, '팔경계법'은 여성에 대해 부정적인 태도를 갖고 있던 젊은 세대 비구들의 작품인 것으로 보인다.

'삼장'의 다른 어느 곳에서도 비구니들이 불교의 쇠퇴를 일으키는 것으로 원인이 될 것이라는 증거는 하나도 보이지 않는다. 오히려 그와 반대로, 부처님의 열반 이전에 이루어진 것으로 추정되는 일부 경전에 불법을 배우러 왕이 비구를 방문하는 이야기가 한 번도 나오지 않지만, 부처님 재세 시 어떤 왕이 비구니 스님을 만나러 방문했던 사실은 세 차례 언급되어 있다. 어떤 일화에서는, 코살라의 파세나디 왕이 부처님 면전에서 케마[Khema] 비구니의 교육 능력을 칭찬하기도 하였다. 그는 케마 비구니 스님의 가르침은 세존만큼 훌륭하다고까지 주장하였다.

『테라가타』와 『테리가타』에서는, 불법의 발전에 있어 비구니들이 비구들보다도 훨씬 더 활동적이었던 사실도 볼 수 있다. 비구들은 공동체 속에서 살기보다는 고독하게 홀로 사는 것을 선호하는 경향이 있는 반면에, 비구니들은 좀 더 강력한 공동체적 결속을 갖고 있으므로 가르치고 배우는 일에 더 많이 참여하게 된다. 어떤 단락에는 심지어 "와서 내 법문을 들어보시오!"라고 대담하게 공개적으로 이야기를 했던 비구니에 대한 언급도 있다. 그런데 '삼장'에서 그 어느 비구와 관련해서도 그처럼 적극적인 전도 의지

표현이 언급된 곳이 없다. 『테리가타』는 이제까지 알려진 것들 중에서 '여성에 의해 이루어진 세계 최초의 종교 문헌'이었다. 그것은 여성이 남성 카운터파트와 동등한 권리를 향유하였던 불교의 최초 역사 시기를 보여준다.

    '삼장'에 흩어져 있는 이 작은 조각들은 "부처님이 여자보다 남자를 더 편애하지 않았다"는 본래의 가르침을 확인시켜준다. 그러나 불행하게도 부처님께서 열반하시자마자 성차별주의적 요소들이 불교 교단 속으로 들어가서 '남자가 여자보다 우월하다'는 것을 강조하였다. 비구니 교단의 기원과 관련한 전설에서 틀이 만들어진 것처럼, '팔경계법'은 비구니에 대해서 통제력을 행사하기 위한 사회적 도구가 되었는데, 이들 비구니들 중 상당수는 탁월한 교육자^(스승)였으며 비구들을 깨달음으로 인도하기에 충분하였다. 이 규정들은 단지 불교 정전^{正典}의 일부로서만이 아니라, 15일마다 계속해서 되풀이 암송하고 확인하는 과정을 통해 비구니 승단에서 강제로 시행되었다. 비구니들에 대한 억압의 시기는 인디아에서 비구니 교단이 마지막으로 사라지기 전 몇 세대 동안 지속되었던 것으로 추정된다. 그로부터 그리 멀지 않은 시기에 인디아에서 불교가 자취를 감추었다. 부처님과 동시대의 영적 지도자였던 마하비라^{Mahavira}가 세운, 불교의 자매 종교 자이나교^(Jainism)와 불교를 비교해볼 때, 이 가설은 성립이 가능하다.

    힌두교도들, 그리고 후대에는 무슬림들이 불교와 마찬가지로 자이나교도 이단으로 보았다. 불교 승단과 자이나 교단은 남자 출가자^(비구)·여자 출가자^(비구니)·남자 신도와 여자 신도로 이루어진 똑같은 구조를 공유한다. 불교도들은 불상에 예배를 드리는 데 반해, 자이나교도들은 마하비라의 상(像)에 절을 드린다.

그런데 인디아에서 불교가 사라진 반면에, 자이나교는 사라지지 않았다. 많은 역사학자들은 발상지에서 불교가 사라진 책임을 무슬림들의 탄압으로 돌리지만, 이 이론은 "무슬림들에게 두 종교가 동일한 입장에 처해 있었는데도, 자이나교는 어째서 파괴되지 않았는지"에 대해 설명해 주지 못한다. 중요한 차이는 여자 출가자(비구니)에 대한 대우에 있다. 자이나교에서 여자 출가자(비구니)는 불교에서처럼 차별 대우를 받지 않았던 것이다. 지금까지도 자이나교의 여자 출가자(비구니)는 가르침을 펼치는 데 있어서 남자 동료와 동등한 자유를 누리고 있다. 마하비라의 가르침에는 '팔경계법'과 같은 규정이 하나도 없다.

이 분석 결과에 비추어 볼 때, "불교 교단에 있어서 성차별주의가 그 발생지에서 불교를 파괴하고 전멸시키는 데에 책임이 있었다"라는 사실이 확인된다. 그것은 부처님께서 열반하시자마자 뒤 세대들이 저지른 업의 결과였다.

성차별 혹은 성차별주의는 부처님의 본래 가르침 어디에도 없다. 그분은 단 한 사람도 예외로 한 적이 없다. 우리는 "불세존께서는 성차별주의자가 아니었다"라고 결론지을 수 있다.
그러나 애석하게도 성차별주의의 업(業. Karma)은 스리랑카·미얀마·태국·라오스와 캄보디아 같은 대부분의 불교 국가들에서 오늘날까지도 강력하게 남아있다. 스리랑카의 일부 교단에서만 여자들에게 수계를 한다. 동남아시아의 다른 곳에서는 여자들에게

계를 주는 것이 불법이다. 예를 들면, '태국종교재판소'에서는 "여자의 수계를 도와주는 비구는 그 누구라도 중벌을 받게 될 것"이라고 공개적으로 발표하기도 하였다.

상좌부 전통에서는 대체로 '팔경계법'을 불세존佛世尊이 진짜 하신 말씀으로 여기며 충실히 따른다. 그 동안 상좌부 국가들에서 불교라는 종교는 인권과 사회정의를 지지해 오지 않았다. 교육체계의 개혁이 하나도 없는 한, 이들 나라에서는 이 종교(불교)가 민주주의와 사회 정의의 발전에 최대의 장애로 남아있게 될 것이다.

※ 이 글은 「방콕 포스트」*Bangkok Post*(태국의 일간 영자지, 2006. 5. 9.)에 실린 메타난도Mettanando 스님의 기고문을 번역한 것이다.

메타난도 스님은 태국 출신의 비구로 전직 의사이다. 태국의 출라롱콘Chulalongkorn 대학과 옥스퍼드대학·하버드대학에서 공부하였으며 독일의 함부르크에서 철학박사 학위를 받았다. 스님은 세계종교평화회의(WCRP) 사무총장의 불교관련 업무 특별자문역을 맡고 있기도 하다.

달리트Dalit 출신 여성 불자의
세상 이야기

공식적으로는 카스트제도가 사라졌지만, 아직도 인디아 사회 구석구석에 그 망령亡靈이 때로는 전통이라는 허울을 쓰고 또 어떤 때는 관습이라는 이름으로 살아 있다. 이 망령은 때로 헌법보다 훨씬 더 강력한 힘을 발휘하기도 한다.

그러나 오랜 역사 동안 점점 단단해진 이 카스트제도도 세월의 흐름에는 어쩔 수 없었던지 미약하지만 작은 변화가 보이기 시작한다. 카스트제도의 망령을 깨부수고 인디아 헌법 기초위원장을 거쳐 초대 법무장관을 지냈던 암베드카르 박사와 그의 영향을 크게 받았던 나렌드라 다지브(『신도 버린 사람들』의 저자)로 상징되는 달리트(Dalit. 불가촉천민) 출신들의 성공일 것이다. 몇 달 전 KBS TV를 통해 방영된 특집 프로그램을 보면, 이들 외에도 달리트 출신으로 지방 정부의 수반에 오른 인물이 여러 명 있고 정치·경제 등 각 분야에서 두각을 나타내는 이들도 여럿 있다. 그렇다. 제 아무리 카스트라는 망령이 강력하다고 할지라도 그 또한 영원한 자리를 차지하고 있을 수 없고 결국은 변화할 수밖에 없을 것이다.

달리트 출신 여성들은 남성과 달리 이중·삼중의 굴레를 쓰고 훨씬 더 큰 고통을 겪어 왔는데, 이런 변화의 흐름에도 불구하고, 이들의 고통이 완화될 가능성은 매우 낮다. 그러나 참으로 다행스럽게도 인디아에서 참여불교 운동을 주도해온 TBMSG^(Trailokya Maha Sangha Gana)의 활동에 힘입어 달리트 출신 여성들에게도 희망의 햇살이 비치기 시작했다.

이번 여름^(2008년) 몽골의 울란바토르에서 열린 샤카디타^(석가의 딸) 대회에서 '젊은 세대를 참여시키기 위한 달리트의 체험^(Engaging the Younger Generation: Dalit Experiences)'을 발표한 Dh. Tarahridaya^(앞으로는 Dh로 약칭)를 통해 그 '희망의 빛'을 만나게 된다.

Dh는 북부 인디아의 작은 읍에서 달리트 집안의 여덟 딸 중에서 셋째로 태어났다. 인디아의 다른 지역들보다도 이곳은 여성에 대한 편견이 훨씬 심한 곳이지만, 총명하게 태어난 덕에 장학금을 받아 학교 공부를 할 수 있었다. 그러나 얼마 안 되는 그 돈마저도 아버지가 가족 생활비로 써버리고 말아 학교에 가기 어려웠던 적도 많았지만 대학 과정을 마칠 수 있었으니, Dh는 고난과 고통을 이겨낼 의지력이 뛰어난 사람임이 분명하다.

Dh의 인생에 새로운 전기가 온 것은 12~13살 무렵 불교를 만나면서부터이다. 이때 불교를 만난 이후 Dh는 불교를 떠난 적이 없다. 17살이 되었을 때, TBMSG가 Dh의 고향에 불교 센터를 설립하여 불교 강좌를 시작한 것은 Dh의 인생에 두 번째 전환점이었다. 그러나 집에서 멀리 떨어진 불교 센터에서 저녁에 열리는 불교 강좌에 동참하는 데에는 어려움이 매우 컸지만, 강좌에 열심히 참여하여 세상 현실과 진리에 눈을 떠나가기 시작했다. 그러다가 "푸네^{Pune}에 젊은 여성들이 함께 모여 수행하는 공동체가 있다"는 소식을 듣고 그곳으로 가기로 결정하였다. 나중에 결혼을 하면서 푸네의 이 공동체를 떠나게 되었지만 그곳에서 교육을 받으면서 Dh는 사회에 눈을 뜨고 유치원 교사가 되어 활동을 하기도 하고, 5~6명의 동료 젊은 여성들과 함께 빈민가를 찾아가 연극, 노래 등을 이용해 마약, 성차별, 알코올 중독과 흡연 등등의 사회적인 이슈에 대한 주민들의 각성을 도와주는 봉사자로 활동하였다. Dh와 동료들은 이런 프로그램의 말미에 항상 "우리가 불교에 귀의해 불법佛法을 닦으면 우리의 고통을 가볍게 할 수 있다"는 것을 강조하였다. Dh의 경험으로는, 연극과 노래를 활용하는 것이 젊은 세대를 동참시키는 효과적인 방법이었다.

현재 Dh는 TBMSG와 연계된 여성 단체 ATMT(Arya Tara Mahila Trust)의 이사로 활동하고 있다. Dh는 "불교를 만나 불법을 배우고 명상을 하면서 훨씬 더 성숙하고 책임감 있는 사람이 되었다"고 회고한다. 이제는 남편과 두 아이를 돌보는 주부이면서 ATMT의 주요 소임을 맡아 바쁜 가운데서도 Dh는 남녀노소가 함께 하는 수행 모임을 이끌고 있다. 그이는 "스스로 모범을 보이는 것이 젊은이들의 신뢰를 얻는 최선의 길"이라고 믿는다.

Dh가 활동하고 있는 ATMT에서는 젊은 세대를 참여시키기 위해 명상 센터·작업장·무술 연마 과정과 여성을 위한 강좌 등 다양한 프로그램을 운영한다. 최근에는 여성권익증진 프로그램을 통해 11~20살 사이의 젊은 여성들에게 그들이 겪게 되는 신체 변화와 가정 내 폭력 문제 및 이에 대한 대처법을 토론한다.

달리트 여성으로 태어나 세상에 진입하기조차 힘들었던 Dh가 TBMSG를 통해 불법을 만나고 이제는 다른 사람들을 각성시키고 그들에게 삶의 의지를 심어주는 큰 활동가가 되었다. 여기에서 종

교가 가지는 힘을 보게 되는데, 종교-불교가 해야 할 역할은 본래
이런 것이 아닐까?

부인들 사이의 갈등

요즈음이야 이런 일이 거의 사라졌지만 불과 30여 년 전까지만 해도 '오로지 대를 이을 아들'을 얻으려는 목적으로 정식으로 결혼한 부인 외에 다른 여자와 '비공식적 불법 혼인관계'를 갖는 남자들이 있었다.

우리나라에서는 흔히 '유교 관습의 잔재'라면서 이 모든 책임을 유교에 돌리는 이들이 많은데, 실제로 이와 같은 일은 어느 지역, 시대에나 있었던 일인 것 같다. 기독교의 「창세기」에도 그런 기록이 있다. 아기를 낳지 못하는 아브라함의 아내가 자신이 데려온 여자 종을 남편과 동침시켜 아이를 낳게 했는데 나중에 두 여인 사이에 분쟁이 생긴_(「창세기」 16장) 이야기를 비롯하여 비슷한 여러 사건을 전하고 있다. 또한 동서양의 다양한 문화권에서도 비슷한 일들이 많았다.

옛날 인도에 홀어머니를 봉양하며 농사를 짓고 사는 남자가 있었다. 남자는 혼인 적령기가 되었으나 혼인하지 않고 어머니만 모시고 살겠다고 했다.

어머니가 미리 점찍어둔 며느리 감이 있었으나 아들은 자신이 연모하는 여인과 혼인하겠다고 주장해서 그 여인과 혼인해서 오순도손 잘 살았다.

그런데 문제가 생겼다. 이렇게 혼인한 아내가 자식을 낳지 못했던 것이다.

며느리가 임신을 할 수 없다는 사실을 알게 된 어머니가 나서서 아들을 설득했다.

"네가 좋아하는 여자를 데려왔지만 아기를 낳을 수 없다. 자식을 얻지 못하고 혈통이 끊어지면 조상을 뵐 면목이 없게 된다. 그러니 둘째 부인을 얻어서라도 자식을 보도록 하자."

아들은 그럴 수 없다며 여러 차례 거절했다. 그런데 이런 식으로 어머니와 아들 사이에 이런 팽팽한 긴장이 오고가는 것을 우연히 엿듣게 된 며느리가 생각했다.

'남편이 어머님 말을 거역할 수는 없을 거야. 만약 아기를 낳을 여인을 어머니가 데려온다면, 나는 하인으로 전락하고 말거야. 차라리 내가 제어할 수 있는 여인을 데려오는 게 낫지 않을까?'

우여곡절 끝에 첫째 부인은 자기 마음에 드는 여인을 데려와 남편의 둘째 부인으로 삼았다. 그러나 첫째 부인은 또 다른 불안에 시달리게 시작했다.

'만약 저 여인이 아들을 낳으면, 그가 안주인이 될 것이고, 나에 대한 남편의 사랑과 관심도 식어서 나는 하녀만도 못한 신세가 될 거야!'

불안감을 떨쳐버리지 못한 첫째 부인은 음모를 꾸미고는 둘째 부인에게 말했다.

"아기가 들어서면 내게 곧바로 알려주게나."

음모가 있으리라고는 꿈에도 생각 못한 둘째 부인은 임신이 되자 곧바로 첫째 부인에게 알려주었다.

이때부터 첫째 부인은 본격적으로 음모를 실천에 옮기기 시작했다. 매일 우유죽을 쑤어 둘째 부인에게 가져다주며 정성을 다 하는 것처럼 행동했다. 그러나 그 죽에는 뱃속의 아이를 유산시키는 약이 들어 있었고, 죽을 계속 먹은 둘째 부인은 결국 유산을 하고 말았다.

불행은 여기에서 끝나지 않았다. 첫째 부인의 음모를 알 리 없는 둘째 부인은 그 다음에도 아기가 생기자 첫째 부인에게 알려 주었고, 앞서와 같은 과정을 거쳐 둘째 아기도 유산이 되고 말았다.

하지만 세상에 비밀은 없는 법, 이상한 기미를 눈치 챈 이웃 사람들이 둘째 부인에게 "아기를 가졌을 때 첫째 부인이 뭔가 가져다주지 않던가?"라고 물었다. 이에 둘째 부인이 아무 생각 없이 첫째 부인이 죽을 쑤어다 준 이야기를 하며 자신에게 정성을 다했다고 칭찬했다.

이 말을 들은 이웃들이 충고하며 당부했다.

"왜 임신 사실을 알려주었소? 그 사람은 당신이 아기를 낳으면 자기 위치가 불안해질까 두려워 아마 유산시키는 약을 죽에 넣었을 것이오. 앞으로는 아기를 가져도 절대 첫째 부인에게 이야기하지 말아요."

두 차례나 어려움을 겪은 둘째 부인은 세 번째로 아기를 갖게 되자 이번에는 첫째 부인에게 그 사실을 숨겼다. 그러나 여러 달이 지나 배가 불러오게 되자 임신 사실이 드러났다. 그러자 첫째 부인이 "아기 가진 걸 왜 알리지 않았어?"라며 채근하듯 물었다. 이미 음모를 눈치 챈 둘째 부인이 단호하게 말했다.

"나를 꼬여서 둘째 부인으로 데려온 사람도 당신이고, 아무것도 모르는 나를 속여서 아기를 두 차례나 유산시킨 것도 당신 아니오? 이제 더 이상 당신에게 속지 않을 거예요."

더 이상 음모를 진행할 수 없게 된 첫째 부인은 임부의 경계가 소홀한 틈을 노리기 시작했고, 결국 유산시키는 약을 먹이는데 성공했지만 이미 뱃속의 아이가 크게 성장해서 사산死産이 되고, 산모도 죽음을 맞이했다.(무념·응진 역, 『법구경 이야기』1, pp.161~163)

위 이야기에 이어지는 내용은 두 여인이 그 뒤에 고양이와 암탉, 표범과 사슴 등으로 다시 태어나면서 서로 복수의 고리를 계속 이어간다는 것이다. 결국 사왓티(舍衛城)에서 부처님을 뵙고 "증오의 불길은 증오의 불이 아니라 사랑의 물로 꺼야 한다"라는 법문을 듣고 여러 생을 이어온 원한과 복수의 고리를 끊게 되었다.

이 길고 긴 증오를 끝내고 사랑과 평화를 되찾은 둘에게 부처님께서는 다음과 같은 게송을 읊어주셨다.

"이 세상에서 미움으로 미움이 끝나지 않으니,
오직 사랑으로만 미움은 사라지리.
이것은 영원히 변치 않는 진리라네."(『법구경』 제5 게송)

'짝사랑'을 물리치는 법

옛날부터 오늘날까지 '남녀의 사랑'은 숱하게 많은 이야기나 예술의 소재가 되어 왔다. 그만큼 우리 삶속에서 차지하는 비중이 크다는 뜻이기도 할 것이다.

한 남자와 한 여자가 서로 눈이 맞고 뜻이 통해 사랑하게 되어도 혹 집안 어른들이 반대를 하거나 신분과 종교가 서로 다르다는 이유로 사랑이 성공에 이르기 쉽지 않은 경우도 있지만, 두 사람의 사랑이 깊고 진실하다면 이 모든 난관을 극복하는 데에 큰 문제가 없을 것이다.

그러나 한쪽은 전혀 상대에 대한 관심이 없는데, 다른 한쪽에서 일방적으로 누군가를 좋아하는 '짝사랑'에 빠지고, 그래서 상사병相思病에 걸려 시름시름 앓거나 자기의 일방적인 사랑을 상대에게 강요하는 일이 벌어지면 사태가 심각하게 된다. 하지만 아마 이런 '짝사랑'도 인류 역사 이래로 끝없이 되풀이되어온 일상일지도 모른다.

부처님 제자 가운데 아난다 존자는 여성들에게 인기가 높았다고 한다. 그래서 궁중의 왕비나 궁녀들도 아난다 스님을 초청해 법문을 듣기 좋아했고 그러다가 괜한 '오해'를 사서 곤욕을 치른 적도 있었던 모양이다. 그런데 아난다 존자의 인기는 이 정도에 머물지 않고 비구니들 사이에서도 높아 이것이 '짝사랑' 수준에까지 이르고 꽤 심각한 사태가 벌어질 뻔한 적도 있다.

한때 아난다 존자가 꼬삼비Kosambi에 있는 고시따Ghosita 동산에 머물고 있었다. 그때 한 비구니가 어떤 사람을 불러 말했다.
"아난다 존자에게 가서 내 이름으로 아난다 존자의 발에 머리 조아려 절을 올리고, '존자여! 이런 이름의 비구니가 중병에 걸려 아픔과 고통에 시달리고 있습니다. 지금 그가 아난다 존자의 발에 머리 조아려 절을 올립니다'라고 말씀드려 주세요. 그리고 다시 '존자여! 아난다 존자께서는 연민을 일으키시어 그 비구니의 거처를 방문해 주시면 고맙겠습니다'라고 말씀드려 주세요."
그 사람은 "알겠습니다"라고 대답한 뒤 아난다 존자에게 가서 그 비구니가 말한대로 말씀드렸다.

......

아난다 존자는 옷매무새를 가다듬고 발우와 가사를 수하고 그 비구니의 처소로 갔다. 그 비구니는 아난다 존자가 멀리서 오는 것을 보고서는, 담요로 머리를 덮고 거짓으로 아픈 척하며 침상에 누웠다. 아난다 존자는 그 비구니에게 가서 지정된 자리에 앉아 비구니에게 말하였다.

"누이여, 이 몸이란 것은 음식·갈애·자만으로 생긴 것입니다. 그러므로 음식·갈애·자만을 의지하여 음식·갈애·자만을 버려야 합니다. 누이여, 이 몸은 성행위로 생긴 것입니다. 그리고 성행위에 대해서 세존께서는 교각을 부수어버리는 것을 말씀하셨습니다."

......

그러자 그 비구니가 침상에서 일어나 아난다 존자에 발에 머리를 대고 엎드려서 이렇게 말하였다.

"존자여! 제가 잘못을 범했습니다. 존자여! 제가 어리석고 미혹하고 신중하지 못해서 잘못을 범했습니다. 제가 앞으로 다시 이와 같은 잘못을 범하지 않고 제 자신을 단속할 수 있도록 제 잘못에 대한 참회를 받아들여 주시옵소서."

"누이여! 그대가 잘못을 범한 것은 확실합니다. 어리석고 미혹하고 신중하지 못해서 잘못을 범하였습니다. 그러나 그대는 잘못을 범한 것을 '잘못을 범했다'고 인정하고 법답게 참회하였습니다. 그러므로 그대를 받아들입니다. 누이여! 잘못을 범한 것을 '잘못을 범했다'고 인정한 다음 법답게 참회하고 미래에 그런 잘못을 다시 범하지 않도록 단속하는 이는 성스러운 율에서 향상[向上]하기 때문입니다."(『앙굿따라니까야』 2, 대림 옮김, 초기불전연구원, pp.341~345)

자신을 유혹하기 위해 거짓으로 아픈 척 하면서 얼굴까지 담요를 뒤집어쓰고 있는 비구니를 보고서도, 아난다 존자는 마음이 흔들리지 않고 우리 몸의 무상에 대해 차분하게 법을 설하여 그 비구니가 자신의 잘못을 참회하게 하였던 것이다.

어쨌든 요즈음 TV 연속극 등에서도 종종 이런 장면이 나오는 것을 보면, 크게 아픈 척 하면서 동정심을 유발해 사랑을 쟁취하고자 하는 방식은 예나 지금이나 '짝사랑'에 빠진 사람들이 흔하게 쓰는 방법인 것 같다. 하지만 아난다 존자처럼 심지가 굳은 이가 아니고서야 이처럼 강하게 나오는 사랑 고백 앞에 무너지지 않을 인물이 그리 많지 않을 것이다.

그런데 아난다 존자처럼 친절하고 마음이 넓어서 여자들의 인기가 높았던 이들만 '짝사랑' 때문에 어려움을 겪었던 것이 아니고, 비구니들 중에서도 이와 비슷한 일을 만나 승단을 떠난 경우도 있었다. 그러나 비구니 쑤브하Subha 스님은 이런 유혹을 효과적으로 물리친 것으로 전해진다.

어느 날 쑤브하 스님이 처소로 돌아가고 있는 길을 가로막고 나선 젊은 남자가 있었다. 외진 곳에서 이런 일을 당하면 많은 사람들은 당황해 하고 어찌할 바를 모르다가 실제로 어려운 일을 당하기 쉽다. 그러나 쑤브하 스님은 침착하게 "이렇게 내 길을 가로막는 것은 옳지 않습니다. 출가한 여인을 남자가 접촉하는 것은 옳지 않습니다. 그대는 어지러운 마음과 욕정에 사로잡혀 아무런 번뇌도 없고 욕정을 떠난 나를 왜 가로막습니까?"라며 그 젊은이에게 물었다. 그러자 이 젊은이가 자신의 사랑을 고백한다.

"그대는 젊고 예쁩니다. 그런데 출가를 해서 무슨 좋은 일이 있나요? 승복을 벗어던지세요. 이리 와서, 나와 함께 향기 나는 숲속에서 실컷 즐겨봅시다. …… 고급 옷을 입고, 꽃다발을 두르고 온몸에 향수를 뿌리세요. 내 그대에게 갖가지 금은보화를 사 드리리다. ……"

하지만 이처럼 노골적인 유혹을 받은 쑤브하 스님은, 그 남자가 아름답다고 칭찬하는 몸이 결국 공동묘지에 가득 찬 시신과 다를 바 없다고 말하며, '눈⁽眼⁾'이 그토록 갖고 싶다면 "이 눈을 가져가라!"며 그 자리에서 자기 눈을 뽑아 남자에게 전해준다. 그러자 이 남자의 욕정이 그 자리에서 끊어지고 곧바로 쑤브하 스님에게 "다시는 이런 일이 없을 것"이라며 용서를 빈다.⁽「테리가타」, 제366~399 게송⁾

　재물에 대한 욕심과 명예욕보다도 무섭고 무거운 것이 애욕愛慾이기 때문에, '짝사랑'과 이성의 유혹을 물리치는 일은 결코 쉽지 않을 것이다. 혹 요즈음 이런 일 때문에 곤욕을 치르고 있는 이들이 있다면 아난다 존자와 쑤브하 스님이 전해준 가르침을 써보는 것도 좋을 것 같다.

고대 인도에서
여성의 재혼이 가능했을까?

사람이 태어나 죽을 때까지 행복하게 살아가는 데 필요한 조건들이 많겠지만, 그 중에서 '서로 뜻이 맞는 배우자와 만나 아들, 딸 낳아 기르며 행복하게 사는 것'도 아주 중요한 행복 조건에 들어갈 것이다. 특히 남자에 비해 여러 점에서 불리한 환경과 사회 관습의 제약을 받고 있는 여자의 경우에는 이것이 더욱 중요한 조건에 들어갈 것이다.

요즈음은 법률이나 관습으로 여성이 차별받는 일이 많이 사라졌지만, 과거 전통사회에서는 엄청난 차별을 감수할 수밖에 없었다. 그 중에서도 남자는 "집안의 대를 이어줄 후손을 낳지 못했다"는 이유를 내세워 아내와 헤어질 권리를 가지지만 아내는 남편에게 어떤 잘못이 있어도 먼저 헤어지자고 요구할 수 없었으며, 아내와 사별한 남편은 몇 번이고 재혼을 할 수 있지만 남편을 사별한 아내가 재혼을 하는 일은 꿈도 꾸기 어려웠다.

고대 인도의 법을 담고 있는 『마누법전』에서는 "한 번 결혼시켰던 딸을 다시 다른 사람과 결혼시켜서는 안 된다. 그렇게 하는 사람은 죄를 얻는다," "남편이 죽고 난 뒤에는 모든 것이 자유이다. 그러나 다른 남자의 이름을 입에 담는 것조차도 안 된다"라고 하며 여성의 재혼을 철저하게 금하였다.

그뿐 아니라 여자들에게 "어릴 때는 아버지, 젊을 때는 남편, 남편이 죽고 난 뒤에는 아들 지배 아래 들어가야 마땅하다. 여자는 독립을 누려서는 안 된다"고 하며 일생을 순종하며 살아가라고 강제하였는데, 이는 불과 몇십 년 전까지만 해도 우리 사회에서 많이 들어오던 삼종지도三從之道와 100% 똑같다.

그런데 정말 고대 인도 사회에서 여성의 재혼이 완전 불가능했을까?

깨달음을 얻어 아라한이 된 부처님의 여성 제자들의 깨달음의 게송을 담고 있는 『테리가타』에는 이시다시Isidasi 비구니가 사제인 보디Bodhi 비구니의 물음에 답하는 식으로 이시다시의 전생과 금생의 기막힌 인과관계를 회고하는 내용이 있다.

"고귀하신 이시다시 사형이시여, 스님은 누구든 반하게 할 만큼 아름답고 나이도 젊은데, 세속 생활에서 무슨 안 좋은 점을 보시고 세상을 버리고 출가하셨나요?"
본래 진리 법의 가르침에 능숙했던 이시다시가 한적한 곳에서 그런 질문을 받고서 말했네.

"보디여, 잘 들어보시오. 내가 어떻게 출가를 하게 되었는지 설명하리."

내 아버지는 웃제니Ujjeni 성에 사는 흠잡을 곳 없는 상인이었는데, 나는 그 분의 아름답고 매혹적인 외동딸이었네.

어느 날 싸께따Saketa 성에서 명문 집안 출신 사람들이 와서 나를 달라고 간청하였네. 그들 가운데 많은 보석을 소유한 상인이 있었네. 아버님께서는 나를 그에게 며느리로 주셨네.

나는 친정 부모님께 배운 대로 아침, 저녁으로 시아버님과 시어머님께 가서 문안 인사를 드렸네.

시누이들이나 시동생·시숙들 또는 친척들 혹은 심지어 내 사랑하는 이가 내게 다가올 때마다 무서워서 떨면서 벌떡 일어나 그들에게 내 자리를 내주었네.

먹을 것과 마실 것 그리고 거기에 쌓여있는 다른 것들로, 그들에게 꼭 맞는 대접을 해주었네.

적당한 때에 일어나 집 문간으로 가서 내 손과 발을 씻고 손을 가지런히 모아 합장하고 남편에게 다가갔네.

머리빗 화장품과 거울을 들고서 마치 여자 종처럼, 손수 남편을 단장해 주었네.

손수 밥을 짓고 항아리와 냄비를 닦았으며 어머니가 외아들에게 하듯이 내 남편을 돌보아 주었네.

그런데도 남편은 화가 나서, 그처럼 성실하고 열심히 일하고 활동적이며 정숙하고 그를 지극 정성 섬겼던 나를 꾸짖고 욕했네.

자기 어머니와 아버지에게 그가 말했네.

"어른들의 허락을 받아 집을 나가렵니다. 저 이시다시하고는 한 집에서 살 수 없어요."

"아들아, 그렇게 말하지 마라. 이시다시는 배운 사람이고 현명하며 열심히 일하고 활동적인데, 아들아, 너는 왜 그 아이를 싫어하느냐?"

"그 여자가 제게 잘못한 것은 하나도 없지만 함께 살 수 없어요. 그 여자가 죽도록 싫고 싫증이 나요. 어른들의 허락을 받아 집을 나가겠어요."

이런 말을 들으신 시아버님과 시어머님이 내게 혹, 그에게 잘못한 것이 있는지 그리고 만약 그렇다면, 정확히 말해달라고 했네.

"전, 나쁜 짓을 하나도 하지 않았고 그에게 잘못한 것도 하나 없으며 악의적인 말 한마디도 한 적이 없어요. 만약 그가 저를 죽도록 싫어한다면, 제가 무엇을 할 수 있겠어요?"

슬픔에 잠기고 괴로움에 휩싸인 그분들은 "우리 아들을 안전하게 지키느라고 '아름다움의 여신'을 잃었네"라고 말하면서 나를 친정으로 돌려보냈네.

그러고 나서 아버지는 먼젓번 상인이 나를 데리고 갔던 것보다 반밖에 안 되는 지참금을 받고 명문 집안 출신의 또다른 상인에게 시집보냈네.

정숙하고 그에게 해 하나 끼치지 않으며 종처럼 그를 섬겼는데도 불구하고, 그의 집에서 한 달을 살고 나니 그가 나를 쫓아냈네.

그러고 나서 떠돌이 탁발 수행자에게 아버지께서 말씀하셨네. "옷과 발우는 집어던지고 내 딸 남편이 되시게."

나하고 2주일 정도 살고 나서 그가 내 아버지께 말씀드렸네.
"제 옷과 발우와 물병을 돌려주세요, 다시 탁발을 하러 돌
아다니렵니다."
그러자 아버지, 어머니와 모든 친척들이 그에게 말했네. "여
기에서 바라는 것이 있으면 말을 하시게나, 곧바로 해줄 테
니."
이 말에 그가 대답했네. "설사 저를 잘 돌보아준다고 할지라
도 저는 이시다시에게 지쳤습니다. 그 여자하고는 한 집에서
살 수 없습니다."
떠나가도 좋다고 허락하자, 그는 떠났네. 홀로 남게 된 나는
생각했네. '아무 허락 받지 않고서도 죽든가 아니면 비구니
로 살아가야지.'

이시다시 스스로 들려주는 과거 이야기는 '눈물겹다'는 표현으
로는 담아낼 수 없을 정도로 기막힌 사연이다. 부잣집 딸에 미모
와 교양을 갖추어 많은 사람들의 선망 대상이었고, 아주 큰 금액
을 지참금으로 받고 다른 부잣집 아들과 결혼했지만 실패하고 그
에 이어 두 번이나 이어지는 실패.

이시다시의 경우에는 차라리 『마누법전』의 규정대로 '여성의
재혼 불가' 원칙이 실제로도 꼭 지켜졌으면 더 나았을지도 모른다.

신분이 다른 사람들의 결혼

20여 년 전까지만 해도 '부잣집 딸과 머슴 사이의 로맨스'를 주제로 다룬 영화나 TV 드라마를 꽤 자주 볼 수 있었다. 물론 '부잣집 아들과 시골 처녀 사이에서 어렵게 이루어진 사랑'을 주제로 한 작품들도 있었지만, 이것은 '부귀한 여인과 비천한 신분의 남성 사이의 사랑' 이야기에 비해 관심이 떨어지게 마련이다.

최소한 법적이나 제도적으로는 신분제가 완전히 사라진 요즈음은 오히려 이처럼 신분의 벽을 뛰어넘는 사랑이 더 어려워지지 않았을까 싶을 정도로 세상이 변하고 있다. 그런데 그 어느 곳보다도 신분제의 벽이 높고 두텁기로 악명 높은 고대 인도 사회에서도 혹 이런 일이 가능했을까?

가슴 아픈 사랑 뒤의 깨달음

부처님 제자 중에 빠따짜라Patacara 비구니가 있었다. 그런데 그 비구니는 출가 전에 아주 특별한 사랑을 했고 또한 가족마저 모두 잃는 슬픈 일을 겪었다.

빠따짜라는 사왓티(舍衛城)의 부잣집에서 태어났다. 빠따짜라의 부모는 미모가 수려한 딸을 보호하기 위해 경호원까지 따로 둘 정도로 딸을 매우 아끼고 사랑했다. 하지만 어느 날 그 딸이 자기 집에서 일하는 하인과 사랑에 빠지고 말았다.

그야말로 '눈에 넣어도 아깝지 않은 딸'의 이런 사랑을 부모는 도저히 받아들일 수 없었다. 그래서 신분이 같은 가문의 젊은이를 골라 딸과 강제로 혼인을 시키기로 하고 결혼식 날짜까지 잡았다.

하지만 이들의 사랑은 여간 깊지 않았다. '사랑에 눈이 멀어 용감해진(?)' 딸은 연인에게 "부모님께서 나를 다른 가문의 젊은이와 결혼시키려고 해요. 당신이 나를 진정으로 사랑한다면 여기서 빨리 나를 빼내서 도망칠 궁리를 하세요"라고 압박했다.

사랑하는 연인의 말에 그 하인 또한 용기를 내서 "내일 아침 일찍 성문에 가서 그대를 기다릴 테니, 어떻게 해서든 집을 빠져나와 그곳에서 나를 찾으세요"라고 말하며 서로 변함없는 사랑을 확인했다.

이튿날 빠따짜라는 아침 일찍 일어나 물동이를 이고 시녀들과 물을 뜨러 나가는 것처럼 위장하여 경호원을 따돌렸다. 그렇게 집을 빠져나오는 데에 성공한 빠따짜라는 약속 장소에서 연인을 만나 도망쳐 고향에서 멀리 떨어진 곳에 정착했다.

남편은 농사를 지어 식량을 마련하고 땔감을 모아 아내를 따뜻하게 해주었으며, 빠따짜라는 물을 길어오고 음식을 만들며 오순

도손 그야말로 '깨가 쏟아지는 신혼' 생활을 즐겼다.

이들의 '사랑의 도피 행각' 이야기는 오늘날 영화나 TV 드라마 주제로도 손색이 없을 정도로 '찐'했다. 요즈음도 가끔 이와 비슷한 사건이 일어나지만, 결국은 "그대를 사랑하지만 부모님 압력 때문에 어쩔 수가 없어요"라면서 연인을 버리는 경우가 허다한데, 이들의 이야기에는 진짜 사랑이 녹아 있기 때문이다.

이 두 사람의 사랑이 영원히 계속되면 얼마나 좋을까? 그러나 드라마에서도 흔히 일어나는 일이지만, 이런 멋진 사랑에는 장애가 생기게 마련인가 보다. 둘째 아이를 낳으러 친정으로 돌아가는 길에 그이는 남편과 첫 아들 그리고 길에서 낳은 둘째 아들까지 차례로 잃고 만다.

자신의 신세를 한탄하며 친정집으로 가던 그이는 친정 마을에서 오는 사람을 만나자 부모님 안부를 물었다. 그런데 "간밤의 폭우로 그 집이 무너져 내리면서 상인과 부인과 아들이 모두 압사壓死 당했습니다. 이웃 사람들과 친척들이 지금 막 시체를 화장하고 있습니다"라는 대답을 들었다.

빠따짜라는 하늘이 무너지는 것 같은 충격을 받았다. 정신을 잃은 그이는 옷이 다 벗겨져서 벌거숭이가 된 줄도 모른 채 울음을 터뜨렸다. "한 아들은 독수리가 채어가 버렸고 다른 아들은 강물에 휩쓸려 가버렸어요. 남편은 독사에 물려 죽었고 아버지·어머니와 오빠는 압사 당해 화장을 했고요!"라고 소리 지르면서 온 거리를 헤매고 다녔다.

　사람들에게 '미친 년' 소리를 들으며 곳곳을 헤매고 다니던 빠따짜라가 제정신으로 돌아온 건 부처님 앞에서였다. 3배를 올리고 난 빠따짜라는 지난 이야기를 하면서 "부처님이시여, 제발 저의 의지처·보호처가 되어 주소서!"라고 간청했다.

　부처님께서는 "빠따짜라여, 저 세상으로 갈 때에는 자식도 형제도 어느 누구도 피난처와 의지처가 되지 못한다오. 하물며 금생에서 어떻게 그들이 피난처·의지처가 되겠소? 그러니 현명한 사람이라면 스스로 행위를 청정하게 하고 영원한 의지처인 열반으로 가는 길을 닦아 스스로 의지처를 구해야 하는 것이오"라며 그녀를 밝은 세상으로 인도하는 가르침을 펴셨다.

　이렇게 부처님 제자가 된 빠따짜라가 어느 날 물 항아리에 물을 채워 가져와서 조금씩 부으면서 발을 닦고 있었다. 처음 부은 물이 조금 흘러가다가 땅속으로 스며들더니 두 번째 부은 물은 조금 더 흘러가다가 사라지고, 세 번째로 부은 물은 그보다 조금 더 멀리 가다가 사라져버렸다.

　그 순간 그녀는 문득 덧없음(無常)을 깨닫고 이와 같은 게송을 남겼다.

　　어느 날, 발을 씻다가
　　물이 높은 데에서 낮은 곳으로
　　찔끔찔끔 흘러가는 것을 보고
　　내 마음을 거기에 모았네.

그 뒤, 혈통이 좋은
말을 길들이듯이,
내 마음을 수련하였네.
그러고 나서 손에 등불을 집어 들고
방으로 돌아갔네.

등불 빛으로
침상을 찾아보고
거기에 앉았네.
그러고 나서 심지를 잡아당겨
불을 껐네.

그때,
불꽃이 사라지는 것과 똑같이
내 마음이 해탈하였네.

이렇게 해서 빠따짜라는 아라한이 되었다. 신분이 낮은 연인과
사랑에 빠지고 그 사랑을 이루기 위해 몰래 집을 도망쳐 나올 정
도로 순수했기에, 마침내 깨달음을 성취할 수 있었는지도 모른다.
순수한 사랑이 점차 사라져가는 시대, 빠따짜라의 이야기는 우
리에게 진한 감동을 전해준다.

※ 이 이야기는 『법구경』 제288~289 게송 인연담과 『장로니게』 제112~116 게송
을 바탕으로 재구성한 것입니다.

종교가 다른 사람들 사이의 결혼

　　우리나라는 다종교사회이다. 어느 일이건 다양하다는 것은 획일화된 것보다 좋은 경우가 많다. 종교 또한 예외가 아니라서, 한 나라의 전 국민이 똑같이 한 가지 종교만 신봉하는 것보다는 우리처럼 여러 종교가 공생하는 것이 좋을 것이다.

　　그러나 가족 구성원 사이에서는 경우가 다르다. 심지어 부모·형제·자매들 사이에서도 서로 다른 종교를 갖게 되면 이 때문에 심각한 갈등이 생기기도 한다.

　　가족 구성원들 사이의 종교 문제로 갈등이 가장 첨예하게 대립되는 것은 아마 부모님 임종을 앞두거나 상을 당했을 때일 것이다. 자녀들이 "장례를 어떤 종교 의식에 따라 할 것인지?" 논의하다가 쉽게 합의에 이르지 못하고, 심하면 말다툼이 일어나고, 심지어 상을 치르고 난 뒤에 형제들끼리 왕래를 하지 않게 되기도 한다.

　　지금도 세계 곳곳에서 가족 구성원 사이의 종교 갈등으로 고통을 겪는 이들이 아주 많을 것이다. 그러니 가능하면 가족 모두가 같은 종교를 신앙하는 것이 이상적이겠지만 이 또한 쉽지만은 않은 문제인지라, 내가 아는 어느 분은 맏아들이 타종교 신자와 연애 끝에 결혼을 하게 되자 끝까지 "받아들일 수 없다"고 자기주장을 내세우며 결혼식에도 불참한 일이 있었다. 뒷날 일어날지도 모르는 갈등에 대한 강경 대응책을 썼던 셈이다.

그런데 이런 우려는 부처님 당시에도 큰 차이가 없었던 것 같다.

흔히 급고독장자給孤獨長者라로 부르는 아나따삔디까 장자에게는 만재滿財 장자라고 하는 절친한 친구·동업자가 있었다. 어느 날 이 만재 장자가 아나따삔디까의 집에서 수마띠Sumati라고 부르는 그의 딸을 보고 그 뛰어난 용모에 반해 며느리로 삼고자 했다.

"저 처자는 누구입니까?"
"제 딸입니다."
"내게 결혼하지 않은 아들이 있는데 딸을 우리 집 며느리로 보내주시겠습니까?"
"그 청은 받아들이기 어렵습니다."
"무엇 때문입니까? 문벌 때문입니까, 아니면 재물 때문입니까?"
"우리 두 집안의 문벌이나 재물은 서로 걸맞습니다만, 서로 믿는 종교가 다릅니다. 내 딸 아이는 부처님을 모시지만, 그대들은 외도를 섬깁니다. 그 때문에 청혼을 받아들일 수 없습니다."
이 말을 들은 만재 장자가 "우리가 믿는 종교는 그대로 믿고 댁의 따님이 믿는 종교는 그대로 믿게 하면 되지 않습니까?"라고 말하며 거듭 간청하였다.

이에 아나따삔디까 장자는 어떻게든 '딸을 이교도와 결혼시키는 일'을 피해볼 속셈으로, "만일 내 딸이 그대 집에 며느리로 가려면 헤아릴 수없이 많은 재물과 보화를 내야 할 터인데, 그렇게 할 수 있겠습니까?"라고 제안을 하였다.

이런 대화가 오간 끝에 엄청난 양의 돈을 건네자 아나따삔디까 장자는 '방편을 써서 미리 거절했는데도 물리치지 못했다' 생각하고는 마지막으로 "내 딸을 시집보내려면 부처님께 가서 여쭈어 보아야 합니다. 세존께서 하라고 하시는 대로 하겠습니다"라고 말하였다.

아나따삔디까 장자가 부처님을 뵙고 전후 사정을 말씀드리자 부처님께서는 "그대의 딸이 만재 장자의 며느리가 되어 그 나라로 가면 이익을 많이 주고, 아주 많은 사람들을 제도할 것이오"라면서 수마띠가 이교도 집안과 결혼하는 것을 찬성해주셨다.

수마띠와 남편은 양가의 아버지가 절친한 친구이자 사업을 함께 하는 동업 관계에 있었고, 두 집안의 경제력도 엇비슷해서 다른 일에서는 서로 어긋날 일이 없는 평화로운 결혼 생활을 유지해 나갈 수 있었을 터인데, 애초에 친정아버지가 염려하던 대로 '종교 갈등'이 불거져 나오면서 심각한 위기 상황을 맞았다.

시댁이 있는 지역에는 "다른 지역으로 딸을 시집보내든가 며느리를 데려오면 중벌을 받는다. 이 벌을 면하려면 바라문(梵志) 6,000명에게 공양을 대접해야 한다"는 규정이 있었다. 이 규정에 따라 만재 장자도 갖가지 음식을 장만하고 이 6,000명의 바라문을 집으로 초대하였는데, 이들은 반나체로 다니는 외도들이었다.

만재 장자가 이들을 초대해 놓고 새로 들어온 며느리를 이들에게 인사시킬 차례가 되자 문제가 터졌다.

"새 아가야, 몸을 단장하고 나와 우리 스승님들께 인사를 드리도록 해라."
"아버님, 그만 하십시오. 저는 옷을 벗고 있는 저 사람들에게는 인사를 드릴 수 없습니다."
"저분들은 옷을 벗은 사람이 아니고, 부끄러움을 모르는 분들도 아니다. 다만 법의 옷을 입었을 뿐이다."
"저 사람들은 부끄러움을 모르는 사람들입니다. 모두 몸을 밖으로 드러내놓고 있습니다. 법의 옷이 무슨 필요가 있겠습니까? 부처님께서는 세상 사람들이 부끄러움을 귀하게 여겨야 한다고 말씀하셨습니다. …… 부끄러움을 모르는 저 사람들은 개·돼지 무리들과 같습니다. 저는 절대로 저 사람들에게 예배를 드릴 수 없습니다."

아버지와 아내 사이에 이런 대화가 오가는 것을 보다 못한 남편이 나서 이번에는 부부 사이에 또 실랑이가 벌어졌다.

"여보, 일어나서 우리 스승님들께 인사를 드리세요. 이분들은 다 내가 하늘처럼 섬기는 분들이란 말이오."

"그만 두십시오. 부끄러움도 없는 사람들에게는 결코 예배를 드릴 수 없습니다. 저는 사람인데, 저 짐승 같은 이들에게 어찌 인사를 드리겠습니까?"

"여보, 그만 멈추시오. 그런 말을 하지 마시오. 입을 삼가서 더 이상 죄를 짓지 않도록 하시오. 저분들은 짐승이 아니고, 미치지도 않았소."

이때 수마띠의 얼굴빛이 변하고 눈물을 흘리며 슬프게 울면서 이렇게 말하였다.

"차라리 [친정으로 쫓겨 가서] 우리 부모와 친척들에게 내 몸이 다섯 조각이 나서 목숨이 끊어지는 한이 있더라도, 이런 잘못된 일은 결코 받아들일 수 없습니다."

이쯤이면 이날 만재 장자 집의 분위기가 얼마나 심각했을지 상상이 갈 것이다. 고함을 질러대며 야단을 치는 바라문들을 달래느라 음식과 술을 더 내서 대접하고 간신히 달래서 돌려보내고 난 뒤, 시아버지인 만재 장자는 홀로 떨어져 근심, 걱정에 어쩔 줄 모르며 '며느리를 잘못 데려 와서 우리 집안이 망하게 되었구나……'라며 생각에 잠겨 있었다.(증일

아함경,22 「수타품」; 한글대장경 「증일아함경」1, pp.418~421)

위에 나오는 이야기들을 조금만 바꾸면 바로 오늘날 우리 땅 곳곳에서 벌어지고 있는 일이다. 물론 경전에서는 또 다른 바라문을 통해 부처님에 대해서 알게 된 만재 장자가 며느리인 수마띠에게

부탁해 부처님을 집으로 모셔서 공양 대접을 하고, 법문을 듣고 나서 부처님 제자가 되었다는 식으로 해피엔딩^{happy-ending}으로 끝이 난다.

하지만 이런 좋은 결말이 나는 경우가 얼마나 되었겠는가? 부처님 당시나 지금이나 종교가 다른 사람들 사이의 결혼은 대개 매끄럽지 못하게 마무리되는 일이 많을 것이다. 경전에 위와 같은 이야기가 길게 기록된 것을 보면, 부처님 당시에도 서로 다른 종교를 가진 사람들 사이의 결혼은 어려운 과제였고 그래서 아주 드물게 있었던 현상이었음이 틀림없을 것이다.

자연과 인간이 함께 살아가는
생명의 길

1.

옛날 조사 스님들은 쌀 한 톨, 물 한 방울을 귀하게 여겼다. 그래서 쌀 씻은 뜨물도 함부로 버리는 법이 없었다. 입적하신 법정 스님의 수필집에서 이런 이야기를 읽은 기억도 난다.

어떤 사람이 산중에 대단한 도인이 있다는 소식을 듣고 찾아가는데 계곡 물에 배추 쪼가리 하나가 떠내려 오는 것을 보고 "이 산중에 도인이 있다는 말은 거짓!"이라 단정하며 가던 길을 뒤돌아 내려오려고 발길을 돌렸다. 그때 위쪽에서 웬 스님이 헐레벌떡 뛰어내려와 그 배추 쪼가리를 주워들고는 '다행'이라는 듯이 안도의 한숨을 크게 쉬고 다시 올라가는 장면을 보게 되었다. 짧은 순간에 다시 진상(?)을 알게 된 그가 다시 산으로 올라가 배추 쪼가리 하나까지 소중하게 여기던 훌륭한 스님을 만나 제자가 되어 그 또한 깨달음을 성취하였다.

옛 스님들이 이렇게 했던 것은, 당시 물건이 귀하기 때문이기도 했지만 그보다는 불교의 근본 가르침이 그렇기 때문이었다. 쌀 한 톨이 손 안에 들어오기까지 흘린 수많은 사람들의 땀과 쌀 한 톨을 위해 희생된 수많은 생명체들에 대한 연민의 마음과 고마움을 잊지 않기 위해서이다. 그래서 불교의 여러 율장에서는 "땅을 함부로 파지 말라. 땅 위에 함부로 불을 지르지 말라. 살아 있는 나무를 꺾지 말라"며 자연 생태계에 함부로 손을 대거나 훼손하는 행위를 금하고 있다.

예비 승려인 사미들을 위한 교재인 『사미율의요약』^{沙彌律儀要略}에는 좀 더 구체적으로 "수행자는 물을 쓸 때에 벌레가 있고 없는 것을 잘 살펴서, 벌레가 있으면 촘촘한 헝겊으로 걸러서 써야 하고 속옷을 빨 때에는 이^(벌레)를 찾아 살려주고 빨아야 하며, 끓는 물은 땅에 버리면 안 된다"고 규정하고 있다.

2.
지금 온 나라 땅이 파헤쳐지고 있다. 한쪽에서는 이것이 환경을 살리고 경제를 살리는 일이라고 주장하고, 또 다른 한쪽에서는 우리 국토를 완전히 망가뜨리는 일로 도저히 해서는 안 되는 것이라고 한다. 그래서 국민들 중에는 어느 쪽 주장이 맞는지 도무지 갈피를 잡을 수 없어 갈팡질팡하고 있다.

이런 문제의 바탕에는 자연 생태계와 나^(인간)의 관계를 어떻게 보는가 하는 중요한 세계관이 놓여있다. 자연 생태계가 나와는 아무 관계도 없는 것이고, 자연은 나를 위해 이용하고 착취해야 할 대상이라고 본다면 물길이 막히고 산이 파헤쳐져도 하나도 아프지 않을 것이고 오로지 '저기서 파낸 돌과 모래를 팔면 얼마인데……'하는 실리타산實利打算만 있을 것이다.

그러나 승조僧肇 스님처럼 "천지자연은 나와 한 뿌리요, 만물은 나와 한 몸(天地與我同根 萬物與我 一體)"이라고 바라보게 되면, 강바닥을 깊이 파고 콘크리트로 채워 물길을 막고 산허리를 끊어대면 마치 총칼로 내게 상처를 입히는 것과 마찬가지로 마음과 몸이 아주 아파서 견딜 수가 없다. 그래서 강을 따라 수천 리를 걷고, 안타까운 마음에 눈물을 흘리는 것이다.

3.
과거에는 '복지'라고 하면 헐벗고 굶주리는 사람들에게 밥과 빵을 나누어주고 구호품과 옷가지를 전해주는 것으로 알고 있었다. 어렵던 시절에는 먹고 입고 자는 것이 가장 절실했기 때문이다.

물론 나라 경제가 성장하고 국민 소득이 많이 올랐다고는 하지만 아직도 굶고 있는 사람들이 아주 많고 추운 겨울에도 지하철 역사에서 판자로 찬바람을 막은 채 잠을 자는 이들이 많기는 하다. 이들에 대한 기본적인 생존 조건 해결은 결코 소홀히 할 수 없는 중요한 문제이다.
그러나 이제는 전 국민이 맑은 물을 마시고 맑은 공기 마시며 살아갈 '생태 복지'에 더 많은 신경을 쓰지 않으면 안 되는 시점에 이르렀다. 현재와 같은 추세로 산과 강을 망가뜨리고 그래서 맑은 공기와 물이 우리에게서 점점 더 멀어지게 한다면, 온 국민이 헐떡이게 될 것이 분명하기 때문이다.

『화엄경』에서는 "일체중생이 모두 같은 뿌리라는 사실을 분명하게 알아야 한다(決定了知一切衆生皆實同根)"고 하였다. 인간 사회를 함께 이루고 있는 나와 이웃은 말할 것도 없고, 우리 인간과 자연 생태계가 결코 남이 아니고, 거슬러 올라가보면 같은 뿌리에서 나온 똑같은 존재라는 사실을 잊지 말라는 뜻이다.

4.
지금 세상이 시끄럽다. '4대강' 사업을 둘러싸고 '살리기'와 '죽이기'라는 진단이 맞서고 있어 정면충돌하면서 다른 '제3의 길'은 보이지 않는다.

이런 갈등을 조정하고 꽉 막힌 세상을 시원하게 뚫어줄 어른도 보이지 않는다. 종교계 또한 이 흐름에서 벗어나지 못하고, 갈등의 한 주역이 되고 있어 더욱 답답하게 한다.

두 부족 사이를 흐르는 로히니 강물을 먼저 쓰겠다면서 전쟁 직전까지 갔던 사키야족과 콜리야족 문제를 풀어주었던 부처님과 같은 성인이 계시지 않은 다음에야, 차라리 "앞으로 3~6개월 동안 공사를 중단하고 진정으로 강을 살리고 나라를 살리는 일이 무엇인지 원점에서 다시 고민을 시작해 보자"는 제안을 하고 이를 실천에 옮기면 어떨까? 이 제안에는 찬반 여부를 떠나 각기 갖고 있는 '4대강 사업'에 대한 일체의 선입견도 내려놓고 다만 한 가지 즉 "극단 대립을 피하자"는 중요한 조건만 충족시키면 될 것이다.

자연재해는 천벌이 아니다

　중남미의 가난한 나라 아이티에서 거대한 지진이 일어나 수만 내지 수십만 명이 사망하고, 온 나라가 무너져 내렸다.

　이 나라의 역사를 간략히 살펴보면, 아이티는 1804년 '노예혁명'으로 독립을 쟁취한 중남미 최초의 독립국가'라는 자랑스러운 역사를 가졌다. 비옥한 토지와 풍부한 자원 덕분에 한때 카리브해 연안에서 최고 부자 나라로 꼽히기도 했다.

　그러나 아이티를 식민 지배했던 프랑스와 1915년부터 20년 동안 이 나라를 또 다시 지배했던 미국이 계속 내정에 개입하면서, 만성화된 정치 불안과 잇단 자연 재해로 이제 '서반구에서 가장 가난한 나라'로 전락했다. 최근에는 전 세계를 휩쓸고 있는 신자유주의 바람 때문에 아이티의 설탕 산업은 해외 자본의 손에 넘어갔고, 그 과정에서 농촌에서 도시로 쫓겨난 농민들은 슬럼가의 열악한 환경 속에서 살게 되었다.

　해마다 아이티를 강타하는 허리케인의 경우에도 그랬지만, 이번에 지진으로 초토화된 수도 포르토프랭스의 이재민들은 대개 설탕 산업의 몰락과 함께 도시로 밀려든 빈민들이다.

물론 아이티 국민들이 모처럼 자립의 기회를 가졌던 적도 있었다. 지난 2004년 75%의 압도적 지지를 받아 장 베르트랑 아리스티드가 대통령으로 취임했지만, 여러 나라가 개입된 쿠데타군이 자주적인 민간 정부를 붕괴시켰다. 쿠데타 세력은 주민 수천 명을 살해했고, 지금은 유엔 평화유지군이 가까스로 치안을 유지시키고 있다.

현재 아이티 인구의 약 75%는 하루 2달러 이하로, 56%는 1달러 이하로 살아가고 있다. 수십 년간 진행된 신자유주의 정책과 미국 등의 개입으로 인해 아이티 정부는 국민들을 위해 자금을 투자하고 자국의 경제를 통제할 수 있는 능력을 거의 상실하였다. 똑같은 강도의 지진이나 허리케인이 닥쳤을 때, 이웃 쿠바에 비해 수십에서 수천 배의 피해를 당하는 이유와 배경이 여기에 있다.

우리나라를 비롯한 전 세계의 구호 기관과 민간단체들이 아이티 구호 활동에 나서고 있다. 죽어가는 사람을 살리고 고통을 겪고 있는 사람들을 도와주는 일은 꼭 필요하고 숭고하다. 하지만 아이티의 비극 뒤에는 이 나라가 가진 슬픈 과거 역사와 비정한 국제 정치가 도사리고 있다는 사실도 기억하고 이 문제의 해결 방안을 찾으려는 노력도 함께 기울여야 '진정한 자비'라고 할 것이다.

아이티 국민들이 이처럼 고통을 겪고 있고, 전 세계에서 구호의 손길을 보내고 있는데 지난 1월 13일^(2010년) 팻 로버트슨이라고 하는 미국의 목사는 "아이티 사람들이 악마와 결탁했기 때문에 신의 저주를 받았다!"라고 말하여 논란을 일으켰다. 팻 로버트슨 목사는 미국 기독교 보수파의 거물로 이런 몹쓸 말을 자주 해서 여러 차례 말썽을 일으킨 장본인인데, 그의 주장은 "18세기 말 프랑스의 혹독한 식민 지배에 시달리던 아이티 사람들이 자유의 대가로 '악마를 섬긴다'는 계약을 맺었고, 그 결과 독립은 얻었지만 신의 노여움 탓에 재앙이 잇따라 오늘날 생지옥을 겪게 됐다"는 것이다. 이것은 아이티 국민들의 대다수가 믿고 있는 부두교voodoo에 대한 편견에서 나온 발언인데, 로버트슨 목사가 "아이티의 부두교 또한 서구 식민 지배의 산물"이라는 것을 알기나 하는지 모르겠다.

유럽인들이 아이티에 도착한 이래로 숱한 아프리카 흑인들이 노예로 끌려왔고, 그들과 함께 토착 신앙도 건너왔다. 가톨릭으로 개종하라고 강요하는 백인들에 맞서서 이들 흑인 노예들이 간직해 온 아프리카 고유 종교와 가톨릭을 뒤섞어 새로운 신앙을 만들어 낸 것이 바로 부두교였다. 이렇게 탄생한 부두교는 자연히 통치자들의 압제에 저항하는 흑인 노예들을 하나로 묶는 연결 고리로 작용했다.

최악의 재난을 당한 아이티 국민들은 곧 '종말'을 맞을 것만 같은 심리적 공황 상태에 빠져 있다. 전 세계에서 물질적 도움이 이어지고 그래서 외형적인 복구가 이루어진다고 해도, 이들이 마음에 입은 상처가 모두 아물기에는 아주 오랜 세월이 걸릴 것이다.

이 '마음의 상처'를 아물게 하는 일에는 종교인들의 역할이 무엇보다도 필요하고 중요할 터인데, 고통을 겪고 있는 이들을 위해 기도를 올리고 도움의 손길을 주지는 않고 오히려 로버트슨 목사처럼 악담을 퍼붓는 종교인이 있으니 "종교는 아편"이라고 했던 마르크스나 "신은 없다"고 단정하는 리처드 도킨스의 말에 더욱 많은 사람들이 귀를 기울이게 할 것만 같다.

물론 자연 재해를 두고 '신의 노여움' 운운한 것이 이번이 처음은 아니고 꼭 보수적 개신교계에서만 그러는 것도 아니다.

2005년 8월 허리케인 카트리나가 미국 남부 뉴올리언스를 폐허로 만들었을 때에는 미국의 보수적인 개신교 단체에서 "하느님이 동성애자들을 벌주기 위해 카트리나를 보냈다. 루이지애나 주에서 낙태 시술이 광범위하게 행해지고 있으므로, 카트리나는 낙태 찬성주의자들에게 신이 내린 징벌"이라고 주장하기도 하였다. 그런가 하면 '이라크의 알 카에다'라고 밝힌 한 단체에서는, '미국의 허리케인을 환영한다'는 글을 인터넷에 올려 "알라의 분노가 억압자들의 중심부를 강타했다"고 주장하기도 하였다.

그런데 "달라이 라마를 존경한다"고 공언해 왔던 미국의 영화배우 샤론 스톤도 2008년 5월, 중국 쓰촨(四川)성 지역을 강타한 지진으로 8만 명 이상이 사망하거나 실종되었을 때, "이 지진은 중국인들이 티베트를 강제 점령해 무자비한 행위를 한 데 대한 당연한 업보"라고 하여 집중 포화를 맞은 적이 있다.

이처럼 쓰나미나 지진과 같은 자연 재해를 두고 '천벌'이나 '악마의 장난', '신의 분노' 등으로 해석하고 말하는 현상을 어떻게 보아야 할까? 불교에서는 자연 재해를 어떻게 설명할까?

이에 대해 호주 출신으로 현재 싱가포르에서 포교 활동을 펼치고 있는 담미카 스님은 "불교는 그것들을 설명해야 할 필요가 없다"고 말하면서 다음과 같이 결론을 맺은 적이 있다.

지구의 구조판構造板은 항상 움직이는데, 때로는 파괴를 일으키는 방향으로 움직입니다. 비를 내리게 하고, 어떨 때에는 비를 너무 많게 또는 너무 적게 내리게 해서 인간들에게 재난을 일으킵니다. 박테리아와 같은 것들도 있습니다. 가끔 그런 것들이 우리 신체 시스템에 자리를 잡아 질병을 일으킵니다. 우리는 매우 역동적인 우주 안에 살고 있고, 지구에서 발생하는 사건들이 때로는 우리에게 이롭기도 하고 다른 때에는 손해가 되기도 합니다. 그것이 세상이 존재하는 방식입니다.

불교에서는 "이것이 왜 그럴까?"를 설명하는 데에는 별 관심이 없고, 간단하게 "우주는 가끔 우리의 꿈, 바람(願)이나 희망과 다툼을 일으키는 두카(苦)"라는 상식적인 언설을 하는 데에 머뭅니다. 불교에서 관심을 가지는 것은, 우리의 바람을 변화시켜서 우리가 바깥세상과 갈등을 덜 일으키고 혹 갈등이 생겨날 때에는 고요하게 그것을 받아들이는 방법을 가르치는 것입니다.

삭막한 세상을 훈훈하게 녹이는 길은
어디에 있을까?

1.

우리나라의 「교수신문」에서 해마다 연말이면, 한동안 국내외에서 일어난 각종 사건과 사고를 반영한 '올해의 사자성어^{四字成語}'를 선정해서 발표하고, 각 신문마다 이를 받아 대서특필하는 것과 마찬가지로, 옥스퍼드^{Oxford} 대학교 미국 출판부에서도 '올해의 단어'를 선정해 발표한다.

그런데 지난$^{(2009년)}$ 11월 17일 AP통신이 전해온 소식에 따르면, 지난해에는 'un-friend$^{(친구 삭제)}$'를 올해의 단어로 선정했다고 한다.

'un-friend'는 우리 식으로 말하면 '1촌^{寸} 끊기'와 같은 의미로, 개인 간 교류 사이트인 페이스 북$^{face book}$ 등에서 '친구 목록 삭제' 등에 쓰이다가 이제는 일상 대화체에도 쓰이기 시작한 신조어인데, 이 말이 '올해의 단어'로 선정된 것은 요즈음 세상이 얼마나 삭막한지 잘 보여주는 사례이다.

손짓 하나로 '친구 목록'에서 지워버리면 일체의 관계를 끊는다. 서로 "네가 옳으니, 내가 옳으니" 다투지도 않고, 헤어지고 난 뒤에 눈물을 펑펑 흘리며 슬퍼하지도 않는다니, 이 얼마나 삭막한가? 이런 추세가 넓게 퍼지게 되면 '친구 삭제'만 이루어지겠는가? 아마 '형제 삭제', '부자父子 관계 삭제', '사제師弟 관계 삭제' 등등도 그저 손짓 하나로 아주 쉽게 이루어지게 될 것이다.

2.

이런 말을 하면 혹 동물 애호가들에게 몰매를 맞게 될지 모르지만, 아마 이런 삭막한 세상 분위기 때문에 많은 사람들이 애완愛玩 동물에 빠져드는지도 모르겠다. 요즈음은 '애완'이라는 말에 '장난감'의 뜻이 들어있어서 이 말 사용을 피하고 '반려伴侶 동물'이라고 부르는 이들도 많다고 하는데, 나도 '애완'보다는 '반려' 동물이라고 부르는 쪽이 더 적절하다고 생각한다. 살아있는 생명체를 장난감, 애완 용품으로 삼는 것은 아주 잘못된 것이기 때문이다.

우리 모두 느끼고 있는 일이지만, 현대의 세상살이가 사람들을 자기중심적이고 외롭게 만든다. 경쟁에서 지지 않기 위해 치열하게 일하고, 또한 상처 받지 않기 위해 마음을 잘 표현하지 않는다.

아무리 "경제가 어렵다"고 아우성이고 실제로 먹을 것과 입을 것을 해결하지 못해 고통을 겪고 있는 이들도 많이 있지만, 그래도 대부분 사람들은 물질적으로 풍요를 누리고 있다. 그런데도 늘 마음 한 구석에 자리 잡은 "정말 외롭다!"는 느낌을 떨쳐버리기 어렵다. 그래서 정신적으로는 삭막하고 메마른 생활을 한다. 이렇게 고독을 자초한 현대인이 잃어버린 가족·고향·친구를 선물하는 게 바로 반려동물이라는 것이다.

40~50대 남편들이 우수개 소리로 "집에서 고등학교 3학년짜리 자식이 가장 높고, 그 다음으로 아내, 그 다음은 강아지, 마지막으로 나"라고 스스로를 조롱하듯이 말한다는 이야기가 나온 지는 꽤 오래 되었다. 실제로도 "집에 들어가면 나를 반갑게 맞아주는 건 꼬랑지를 살랑살랑 흔들며 내 앞에서 아양을 떠는 강아지밖에 없어!"라며 자괴自愧적으로 말을 하는 이들이 매우 많다.

이미 오래전부터 공간적인 '집', 몇 억 원짜리 부동산不動産으로서의 '집'(house)은 있어도 '가족'이 동고동락同苦同樂하며 기쁨과 슬픔을 함께 나누는 '집'(home)은 사라지기 시작했지만, '동물'을 '반려자'로 삼지 않으면 안 되는 오늘의 상황은 그렇게 사라진 '집'을 잘 보여주는 것이다.

전문가들의 말로는, 반려동물을 키우는 사람이 궁극적으로 바라는 것이 '동물과 대화하기'라고 한다. 우리 모두 '말'의 홍수 속에 살고 있는 것만 같이 보이는데도, 매우 많은 사람들이 실제로는 '대화'에 굶주려있고 그래서 얼마나 외로워하고 있는지 잘 알 수 있게 해주는 것이 '반려동물' 증후군이다.

3.

이처럼 인간관계가 메말라가고 가족 해체를 우려하고 있는가 하면 한편에서는 가족의 따뜻한 마음이 통하여, 뇌사 23년 만에 소생하고 이제는 컴퓨터로 의사소통을 할 수 있게 된 사람의 감동적인 이야기가 전해져 삭막한 세상을 훈훈하게 해준다.

지난해(2009년) 11월 25일 「경향신문」 보도에 따르면, 벨기에Belgium 출신의 40대 남성 롬 하우벤은 1983년 교통사고로 크게 다쳐 뇌사 판정을 받았다. 그의 어머니는 아무 반응도 없는 병상의 아들을 매일 찾아와 '대화'를 하며 바깥세상 이야기를 들려주었다고 한다.

의사들은 그가 "뇌사 상태"라고 진단을 내렸지만, 실상은 그렇지 않았다. 움직이지 못할 뿐, 사람들이 말하는 것을 듣고 느끼고 생각할 수 있었던 것이다. 어머니가 들려주는 "아버지가 돌아가셨다"는 소식을 듣고 울고 싶었고, 의사와 간병인들이 자신의 상태에 대해 대화하는 것도 들어서 의식意識으로는 의사들에게 항변도 하였지만 그 항변이 통할 리 없었던 것이다.

하우벤이 "뇌사자가 아닐 수도 있다"는 사실을 의료진이 처음 알게 된 것은 뇌사 23년만인 2006년의 일이다. 벨기에서는 뇌사자에 대해 안락사安樂死가 허용되지만, 가족들은 절대로 포기하지 않고 뇌신경腦神經 학자들에게 도움을 청했고, 가족들의 이와 같은 사랑과 간청에 마음이 움직인 학자들이 PET스캔이라는 신기술로 그의 뇌를 검사했더니 "뇌사가 아니며, 의식이 있는데 몸이 마비돼 반응할 수 없을 뿐"이라는 충격적 검사 결과가 나왔던 것이다.

가족만큼이나 충격을 받은 전문 학자는 키보드^{key-board}와 터치스크린^{touch-screen}으로 의사소통 도구를 만들어주었고, 3년의 노력 끝에 이제 하우벤은 언론 인터뷰를 할 수 있는 수준까지 이르러 뇌사 상태에 놓여 있던 23년 동안의 기억을 털어놓기 시작한 것이다.

전 세계 의료계에서는 이번 일이 안락사 논쟁의 새로운 쟁점이 될 것으로 예상하지만, 우리의 관심은, 이 소식이 '친구 삭제'가 '올해의 단어'로 선정될 정도로 삭막해지고 가족 사이에서도 '대화'가 사라져 이제 '반려 동물'이 아니면 함께 이야기를 나누는 '가까운 사람'이 사람이 사라진 이 삭막한 세상을 모처럼 훈훈하게 해주는 뜻 깊은 선물이 되었으면 좋겠다는 데에 더 쏠리게 된다.

4.
부처님 당시 이질에 걸려 고생하며 자신이 싼 대소변 위에 드러누워 있는데도 돌보는 이가 하나도 없어 고통을 겪고 있던 비구가 있었다. 마침 비구들의 처소를 돌아보시던 부처님께서 이 사실을 알게 되어, 아난다에게 물을 떠오게 하여 직접 물을 부어주시고 아난다 존자는 그 비구의 몸을 씻겨 주셨다.

그리고 나서는 비구들을 한곳에 모이게 한 뒤에 "비구들이여, 그대들에게는 돌보아 줄 어머니나 아버지가 없소. 그대들이 서로 보살펴 주지 않는다면, 누가 하겠소? 비구들이여, 내 시중을 들어주고 싶은 사람은 병든 사람을 돌보도록 하시오"라고 강조하셨다.(최봉수 역, 『마하박가』3, pp.216~217)

세상 사람들이 부처님과 예수님을 모시고 싶은 것과 똑같은 마음을 담아 이웃의 외롭고 지친 사람들에게 사랑을 전할 수만 있다면, 그런 세상에서는 'un-friend'라는 신조어가 생겨날 일도 없고 "반려동물이 없으면 너무 외로워 못 살 것이다"며 울상을 짓는 그런 사람들도 없을 것이다.

향기로운 꽃잎 -이병두 불교평론집-

2017년 7월 10일 초판 1쇄 인쇄
2017년 9월 30일 초판 2쇄 발행

지은이   이병두
펴낸이   정창진
펴낸곳   행복한 세상
디자인   다보디자인
출판등록   제2013-25호
주소   서울시 관악구 행운2길 52 칠성빌딩 5층
전화번호   (02)871-0213
전송   (02)885-6803

ISBN   979-11-85280-19-6   03220
Email   yoerai@hanmail.net
blog   http://blog.naver.com/yoerai

값은 뒤표지에 있습니다.